KRISEN INVESTMENTS 2020

Wie Sie als Gewinner aus der Krise herausgehen und Ihr Portfolio auf passives Einkommen optimieren - inkl. Aktien für Einsteiger, ETFs, Immobilien und Alternative Investments

Andrew P. Soros

ISBN- 9798634507644

Inhaltsverzeichnis

Über den Autor

Andrew P. Soros wurde im Jahre 1967 geboren. Er studierte Ökonomie in Deutschland und den USA und lernte dabei zum ersten Mal die wichtigen Mechanismen des Marktes kennen. Er fand einen Job im Management eines Investmentfonds und arbeitet sich über die Zeit zum Manager mehrere Fonds nach oben.

Neben seiner Arbeit als Fondsmanager, investierte Andrew P. Soros auch privat in Aktien. Er hängte seinen Job an den Nagel und beschloss, sich mehr auf seine Familie zu konzentrieren. Um dies zu ermöglichen, verdiente er weiter 5-stellige Beträge an der Börse. Er tat dies über das Internet und verbrachte den Großteil seiner Freizeit mit seinen Liebsten.

Nachdem seine Kinder das elterliche Haus verließen um ihrerseits selbstständig und an der Börse erfolgreich zu sein, widmete er sich dem Schreiben. Er möchte erreichen, dass mehr Leute an der Börse erfolgreich sind. Als langjähriger

Broker, Manager und Investor weiß er, worauf es ankommt und welche Gefahren lauern. Die meisten Anleger schaffen es nicht, das erste Jahr zu durchstehen. Sein großes Anliegen ist es, den Menschen eine Wahl zu geben. Sie sollen das erste Jahr erfolgreich meistern und dann entscheiden, ob sie weiter an der Börse erfolgreich sein oder ihr Geld anderweitig anlegen wollen.

Neben dem reinen Thema des Aktienmarktes und des Anlegens, geht es Andrew P. Soros auch um das Thema Motivation. Ihn faszinierte seit langem die Frage, warum einige es schaffen und andere aufgeben, wo es doch eigentlich alle schaffen können. Daher widmete er auch den letzten Teil dieses Buches der großen Frage, wie du es schaffst, durchzuhalten. Wie vermagst du es, die ersten Fehlschläge zu überstehen und dennoch motiviert zu bleiben, um am Ende Erfolg zu haben. Lies das Buch und finde es heraus.

Disclaimer

Alle Informationen, Ratschläge, Tipps, Checklisten und Vorgehensweisen, die in diesem Buch verwendet oder beschrieben werden, stellen keine fachliche Auskunft dar. Sie erheben keinen Anspruch auf unbedingte Richtigkeit, der bei der sich ständig verändernden Marktlage überhaupt nicht möglich ist.

Alles, was in diesem Buch beschrieben wird, dient rein informativen Zwecken. Es handelt sich dabei um keine Aufforderung zum Investieren oder dem Aktienhandel. Es handelt sich auch um keine Schritt für Schritt Anleitung mit Erfolgsgarantie.

Das Lesen dieses Buches enthebt dich nicht von deiner Pflicht zur Sorgfalt, Vorsicht und zur eigenen Recherche, wenn du am Aktienmarkt investieren möchtest. Du musst dich also auch aus anderen Quellen informieren und vor allem musst du dir des Risikos bewusst sein, das mit jeder Geldanlage einhergeht.

Einleitung

Aktien, das sind die Wertpapiere, an die Leute denken, wenn sie sich Reichtum erträumen. Sie wollen schnell viel Geld verdienen und wollen nicht an das Risiko denken. Risiken aber existieren schon an normalen Handelstagen. Im Moment aber gleiten wir in eine Krise, an der das Coronavirus einen erheblichen Anteil hat.

Mit all der Weltuntergangsstimmung, die im Moment an den Börsen herrscht, stellt sich da schnell die Frage, ob sich eine Investition in Aktien überhaupt noch auszahlt. Der Markt ist im Moment aufgrund der unnatürlichen Zustände stark verzerrt. Reisen fallen aus, Autos bleiben in der Garage, Shoppingtouren und wichtige Anschaffungen werden verschoben. Auf der anderen Seite steigt die Nachfrage nach bestimmten Produkten, wie Schutzartikel und haltbare Nahrungsmittel, unnatürlich an. Diese Verzerrung bringt ihre eigenen Risiken. Wer jedoch offenen Auges an die Sache herangeht, entdeckt auch sehr schnell die Chancen, die darin stecken. Diese ergeben sich sowohl während der Verzerrung, die gerade herrscht, als auch während der Entzerrung, die sich anschließen wird.

Teil 1 – Aktien für Einsteiger

Du willst jetzt in die Aktien einsteigen? Coronascare und Krise halten dich nicht ab? Hast du vielleicht sogar erkannt, wie groß die Chancen in dieser Krise sind, wie viele Gelegenheiten sie enthält und dass es keinen Grund für einen Scare gibt? Gut, dann hast du die wesentlichste Regel des Marktes verstanden: Wenn Blut auf den Straßen fließt, wenn die gesamte Welt zusammenbricht, dann ist nicht die Zeit zum Verkaufen, dann gilt es kaufen, kaufen, kaufen! Darauf ist Erfolg gebaut. Du kaufst jetzt so günstig, wie es sonst niemals geht und verkaufst nach der Panik mit einem super Profit.

Um diesen Erfolg zu erreichen, musst du aber noch etwas verstehen. Der Markt in der Krise, der Markt mit Coronascare, das ist der Markt für Fortgeschrittene. Bist du ein Einsteiger, dann musst du zuerst die Grundlagen lernen. Das geschieht hier, in diesem und dem nächsten Teil des Buches. Hast du die Grundlagen verstanden, dann wird es Zeit, in den dritten Teil einzutauchen. Dort erwartet dich das Wissen für Fortgeschrittene, für all die, die von dieser Krise profitieren wollen.

Investments – Aktien, Fonds, ETFs

Aktien lassen sich auf verschiedenen Wegen handeln. Das geht einmal direkt, indem du ein Depot eröffnest, deine eigenen Aktien kaufst, sie hältst oder sie wiederverkaufst. Alternativ kannst du in einen Fonds einsteigen, in dem ein Manager all diese für dich tut. Eine weitere Alternative sind ETFs.

Aktien

Aktien sind Wertpapiere, die als Wert den Anteil an dem Eigentum eines Unternehmens enthalten. Das betreffende Unternehmen ist eine AG; eine Aktiengesellschaft. Diese geben Aktien heraus, um durch deren Verkauf Geld zu erhalten. Das Geld verwenden sie für Investitionen in das Unternehmen selbst oder in dessen Produkte.

Als Aktieninhaber bekommst du gewisse Rechte. Diese beinhalten, dass du zur jährlichen Hauptversammlung eingeladen wirst. Dort kannst du und alle anderen Aktionäre dieser Gesellschaft über die Firmenpolitik abstimmen. Deine Stimme wird dann entsprechend der Menge der Aktien, die du hältst, gewichtet.

Weiterhin bekommst du einen Anteil an dem Gewinn des Unternehmens. Dieser Gewinn wird als Dividenden ausgezahlt und dein Anteil daran entspricht der Menge der Aktien, die du hältst. Die Dividendenausschüttungen sind jedoch nicht garantiert. Sie können aus mehreren Gründen ausfallen. Allen voran dann, wenn das Unternehmen keinen Gewinn gemacht hat oder den gemachten Gewinn komplett wieder reinvestieren möchte.

Fonds

Fonds kannst du dir wie einen großen Topf vorstellen. Dort bündeln verschiedene Investoren ihr Geld. Ein Manager nimmt dieses Geld und investiert das dann stellvertretend für alle in Aktien. Das heißt, du selbst musst dich nicht so unbedingt mit dem Markt auskennen und du brauchst keine Entscheidungen über den Kauf oder Verkauf der Aktien zu treffen. All das wird von dem Manager des Fonds für dich gemacht.

Ein Fonds kommt in verschiedenen Geschmäckern. Es gibt sie in offenen und geschlossenen Fonds. Geschlossene Fonds erlauben es nur bestimmten Anlegern einzusteigen oder erlauben den Einstieg nur zu bestimmten Zeiten. Offene Fonds dagegen stehen jeden Investor offen.

Fonds erlauben den Einstieg selbst auch wieder auf mehreren Wegen. So gibt es Fonds, in denen du nur eine einzige Summe einbringst. Dann gibt es Fonds, in denen du mit einem Sparplan einsteigst. Dabei sparst du jeden Monat eine bestimmte Summe, die dann dem Fonds für seine Investitionen gutgeschrieben werden.

Fonds sind an sich für Einsteiger interessant, weil hier jemand mit Erfahrung die Kontrolle über die Aktien ausübt. Leider aber musst du auch hier vorsichtig sein, denn je mehr Fonds es gibt, desto mehr schwarze Schafe tummeln sich auf dem Markt.

ETFs

Die Abkürzung ETF steht für Exchange Traded Funds. Das klingt nun ziemlich kompliziert, doch ein ETF ist im Prinzip sehr einfach zu verstehen. Du hast bestimmt schon einmal das Wort Indizes gehört. Indizes ist Plural von Index und das Wort hast du schonmal in diesem Zusammenhang gehört: Deutscher Aktien Index.

Ein Index soll den Trend an den Märkten darstellen. Dabei enthält er Aktien bestimmter Firmen, die in ihrer Branche führend sind. So besteht der Deutsche Aktien Index, DAX, aus den Aktien der 30 führenden Unternehmen Deutschlands. Daran lässt sich ablesen, ob es mit der ganzen Wirtschaft nach oben oder nach unten geht.

Wenn du nur eine Aktie betrachtest, dann weißt du nur, wie es dieser Aktie geht. Wenn du den gesamten Markt beurteilen möchtest, musst du eine Reihe von Aktien anschauen. Das ist mühsam und mitunter ist es schwer, zu bestimmen, auf welche Aktien es ankommt. Die Indizes nehmen dir das ab. Jeder Index bildet seine Branche und der DAX die ganze deutsche Wirtschaft ab.

Ein ETF nun nimmt sich einen Index. Er ahmt diesen nach, indem er sein Portfolio vergleichbar aufbaut. Damit ist ein ETF normalerweise auch sicher. Der Wirtschaft insgesamt geht es gut, so geht ein Index und damit der folgende ETF, immer nach oben. Naja, Coronascare hat gezeigt, dass auch mit ETFs bestimmte Risiken verbunden sind.

ETFs sind sehr leicht zu managen, da sie dem Index folgen. Daher werden sie häufig von Computern kontrolliert. Das hält die Kosten niedrig, was für sich für dich in geringen Gebühren niederschlägt. Das ist an sich gut. Leider heißt das auch, dass es mitunter harsche Fehlentscheidungen gibt, da die

Computer nur auf Kurse, nicht auf die echte Lage des Marktes, reagieren können.

Du hast mit Sicherheit schon von Aktien und Fonds gehört, aber ETFs sind dir nicht so bekannt. Das hängt einfach damit zusammen, dass die Berater, die dir diesen oder jenen Fonds anbieten, eine Provision bekommen. Für ETFs sind die Provisionen jedoch sehr gering und daher haben sie kein Interesse, diese zu vermitteln. Für dich jedoch ist ein ETF oftmals, nicht immer, ein guter Weg, in den Aktienmarkt einzusteigen. Während einer Panik, wie sie im Moment vorliegt, ist das jedoch nicht unbedingt der Fall. Hier solltest du vorsichtiger agieren, denn ETFs nehmen jeden Auf- und Abstieg kompromisslos mit.

Die Börse und die Kurse

Aktien und andere Wertpapiere werden an der Börse. Diese wiederum gibt es einmal traditionell und einmal als Internetbörse. Beide sind ein Handelsort und ein Handelsbuch. Sie erlauben den Handel, sie halten die Aufträge fest und sie bilden die Kurse ab.

Der Handelsplatz

Einige typische Börsen werden dir bestimmt sein. Da ist die Wall Street, die eigentlich die New York Stock Exchange ist, da ist die Frankfurter Börse und da sind Börsen in vielen anderen Ländern. An jeder Börse kannst du Aufträge für den Kauf und den Verkauf aufgeben. Das geht über deine Hausbank oder einen professionellen Trader.

Um an einer Börse zu handeln, brauchst du ein Depot. Darin werden deine Papiere aufbewahrt. Die Depots bekommst du bei deiner Bank oder einem Trader. Bevor du jedoch in aller Ernsthaftigkeit einsteigst, solltest du dich an einem Musterdepot versuchen.

Sinn und Risiken eines Musterdepots

Musterdepots funktionieren wie echte Depots, außer, dass bei ihnen alles nur simuliert wird. Sie arbeiten mit den echten Aktienkursen, doch sie nutzen nicht dein echtes Geld und sie bringen dir auch keine echten Aktien. Du kannst jedoch damit simulieren, wie erfolgreich du sein kannst, wenn du dieses oder jenes tust. Als Anfänger kannst du darin also die wichtigsten Schritte üben, bevor du diese mit deinem echten Geld ausführst.

Musterdepots sind kostenlos, denn sie sind für einen Händler das perfekte Mittel, dich an sie zu binden. Wo auch immer du ein Musterdepot eröffnest, wirst du bestimmt auch das echte Depot eröffnen. Dort hast du deine Erfahrungen gesammelt und kennst dich mit allem aus. Damit wird eine Bindung zwischen dem Händler und dir aufgebaut.

Ein Musterdepot ist eine gute Sache zum Üben, aber auch ein großer Verführer. Dessen musst du dich bewusst sein. Wenn du in einem Musterdepot deine Aufträge eingibst und deine Gewinne und Verluste einfährst, hat das alles keine Bedeutung für dich. Wenn du das aber dann mit deinem echten Geld für eine echte Investition durchführst, dann hoffst und bangst du. Dann wirst du vielleicht gierig. Du hast vielleicht Angst. Du hast ein ungutes Gefühl. Du willst Risiken oder sogar Verluste nicht wahrhaben. Das heißt, in einem Musterdepot übst du nicht mit dem vollen Schwierigkeitsgrad.

Was dir und deinem Erfolg am Aktienmarkt am meisten entgegensteht bist du selbst. Wenn du zu ängstlich vorgehst, zu schnell zu viel erreichen willst oder zu oft unentschieden bist, kommst du nicht weit. In einem Musterdepot jedoch sieht alles so einfach aus, dass es dir bald als zu einfach vorkommt. Warte ab, bis du das Spiel an der Börse dann mit deinem richtigen Geld bestreitest.

Musterdepots sind eine tolle Sache, wenn du lernen möchtest, wie du an der Börse vorgehst. Sie können dir Selbstvertrauen verschaffen und die nötige administrative Erfahrung bieten, also die Erfahrung, die du für die Eingabe der Aufträge brauchst. Für den Rest musst du danach weiterlernen, wenn du mit echtem Geld zu Werke gehst.

Worauf es bei einem Musterdepot ankommt

Wenn du richtig mit einem Musterdepot vorgehst, hilft es dir. Bevor du es jedoch eröffnest, musst du auf einige Dinge achten. Das sind vor allem die Kosten, die sich aus Depotmiete, Mindestgebühren und Gebühren pro Auftrag zusammensetzen.

Die Gebühren gelten für das richtige Depot, denn das Musterdepot ist umsonst. Das Musterdepot soll dich jedoch an den Trader binden. Wenn du dem folgst, wirst du am Ende das echte Depot auch bei ihm eröffnen. Dann sind die Kosten auf einmal von sehr wichtiger Bedeutung.

Für den Aktienhandel gibt es grundsätzlich zwei Wege, über die du Geld machen kannst. Der eine ist, die Aktien lange zu halten und damit maximale Kursgewinne mitzunehmen. Der andere ist, die Aktien nur kurzfristig zu halten und dann schnell viele kleine Kursgewinne mitzunehmen. Wenn du die Aktien lange halten willst, sind die Gebühren pro Auftrag weniger interessant, da du davon nur wenige aufgibst. Wichtiger ist die Miete des Depots. Für den schnellen, kurzfristigen Handel jedoch brauchst du viele Aufträge. Damit kommt es mehr auf deren Kosten als auf die Depotmiete an.

Vor der Eröffnung eines Musterdepots solltest du dir also Gedanken darüber machen, wie du vorgehen möchtest. Dann kannst du entsprechende Händler mit guten Angeboten heraussuchen, bei denen du es dann kostenlos eröffnest.

Alternativ kannst du dir auch mehrere Musterdepots zulegen und vergleichen, wie sie dann mit den Kosten eines echten Depots für dich aussehen. Wichtig ist hier, zu bedenken, dass sich auch kleineste Prozentbeträge sehr groß auswirken können, wenn du lange Zeit damit arbeitest und jede Gebühr drückt auf deine Rendite.

Die Kurse der Aktien

Die Börsen halten die Kurse der Aktien fest. Die Kurse selbst jedoch werden nicht von der Börse selbst erstellt. Es ist die Nachfrage und das Angebot der Aktien am Markt, die die Kurse generiert. Dabei gibt es für jede Aktie nicht nur einen einzigen Kurs, sondern insgesamt drei Kurse. Das sind der historische Kurs, der Briefkurs und dazu der Geldkurs. Dazu gibt es noch den Match und den Spread.

So entsteht der Briefkurs

Der Briefkurs entsteht durch die Verkaufsaufträge der Aktieninhaber. Diese besitzen Aktien, die sich nicht mehr halten wollen. Daher bieten sie sie zum Verkauf an. Dafür geben sie einen Verkaufsauftrag in der Börse auf, in dem sie die Aktie, deren Menge und deren Preis festhalten. Es befinden sich ständig mehrere Verkaufsaufträge für die gleiche Aktie von mehreren Besitzern an der Börse.

Von den unterschiedlichen Verkaufsanträgen, die für eine Aktie vorliegen, wird derjenige mit dem niedrigsten Preis genommen. Dieser wird dann als Briefkurs abgebildet. Das heißt, mit diesem Kurs kannst du sehen, zu welchem Preis die Aktie momentan an der Börse verfügbar ist.

So entsteht der Geldkurs

Neben Verkaufsanträgen gibt es auch Kaufanträge, die bei der Börse aufgegeben wer. Auch diese enthalten die Art der Aktie und die Menge, sowie den Preis, zu dem diese gekauft werden soll. Das heißt, jemand, der eine bestimmte Aktie möchte, gibt den Auftrag an seinen Händler, diese Aktie zu diesem Preis in dieser Menge für ihn zu kaufen. Dieser Auftrag wird an der Börse festgehalten. Es befinden sich zu jeder Zeit für jede Aktie eine Reihe von Kaufanträgen an der Börse.

Von all den Kaufanträgen, dir für eine Aktie vorliegen, wird der mit dem höchsten Preis genommen und als Geldkurs abgebildet. Das heißt, dieser Kurs zeigt dir, den höchsten Preis, zu dem jemand diese Aktie kaufen möchte.

Der Match und der historische Kurs

An der Börse wird mehrmals pro Sekunde der Brief- und der Geldkurs erstellt. Sobald dabei sich dabei ein Kauf- und ein Verkaufsantrag decken, das heißt, den gleichen Preis für die Aktie angeben, wird der Verkauf automatisch ausgeführt. Das dauert nur einen Sekundenbruchteil. Diese Übereinstimmung zwischen einem Kauf- und einem Verkaufsantrag ist das Match.

Sobald es zu einem Match und dem damit einhergehenden Verkauf gekommen ist, entsteht der historische Kurs. Dieser bildet jedes einzige Mal ab, an dem die Aktie mit dem angegebenen Wert gekauft bzw. verkauft wurde.

Der historische Kurs ist der Kurs, den du gewöhnlich in den Finanznachrichten findest. Er wird auch von Analysten genutzt, um die Entwicklung der Aktie vorauszusagen. Für sich allein genommen hat der historische Kurs jedoch keine

Aussagekraft für die Zukunft. Er bildet nur das Geschehen des vergangenen Kaufes ab und das ist alles.

So entsteht der Spread

Kommt es zu keinem Match, findet kein Verkauf bzw. kein Kauf für eine Aktie statt, dann liegt das daran, dass der Brief- und der Geldkurs sich nicht treffen. Dabei liegt der Briefkurs immer etwas oberhalb des Geldkurses. Der Abstand zwischen beiden ist der Spread. Wenn eine Aktie mit einem hohen Volumen gehandelt wird, das heißt, es befinden sich viele dieser Aktien am Markt, ist der Spread klein. Dann kommt es oft zu einem Match. Wenn aber das gehandelte Volumen sehr klein ist, kommt es kaum zu einem Match und der Spread nimmt erheblich zu.

Die Kurse in den Charts

Willst du am Aktienmarkt einsteigen, reicht es nicht, nur zu wissen, wie die Kurse zu Stande kommen. Du musst auch wissen, wie du die Kurse ablesen kannst. Das ist im Grunde genommen ganz einfach, doch du musst wissen, was in den Darstellungen wie angezeigt wird, um daraus einen Sinn zu machen. Dazu kommen noch weitere Informationen, die du zum besseren Ablesen der Trends einblenden lassen kannst. Dazu gehören der gleitende Durchschnitt und der Trendkanal.

Die Liniencharts – die einfachste Darstellung

Die einfachste Darstellung der Kurse sind die schlichten Liniencharts. In diesen findest du ein Diagramm, eine Kurve und mehrere Momentaufnahmen. Das ist einfach und leicht zu verstehen, wenn du dir einen solchen Chart einmal angesehen hast.

Das Diagramm hat zwei Achsen. Die horizontale Achse zeigt die Zeit an. Wenn du zum Beispiel einen ganzen Monat aufrufst, hast du dort 30 oder 31 Tage, vom Monatsersten bis zum Monatsletzten. Die vertikale Achse zeigt den Wert der Aktie. Sei vorsichtig. Hier kannst du leicht ein wenig durcheinanderkommen, denn die vertikale Achse fängt nicht immer bei 0 an. Wenn du dir zum Beispiel den DAX anzeigen lässt, wird sie wahrscheinlich irgendwo um die 8.000 oder 9.000 anfangen und dann nach oben gehend die 12.000 bis 13.000 erreichen. Damit wird die Darstellung übersichtlich gehalten.

In dem Diagramm befinden sich Punkte. Diese zeigen den historischen Kurs der Achse in dem Zeitpunkt. Wenn wir bei dem Monatschart bleiben, dann siehst du für jeden Tag einen Punkt, der den Schlusskurs der Aktie an diesem Tag darstellt.

Die Kurve entsteht, wenn du nun alle Momentaufnahmen, alle Punkte, miteinander verbindest. Dann hast du die bekannte Linie mit dem Auf und Ab. Das ist in den meisten Fällen alles, was du brauchst, zumindest als Anfänger.

Die Balkencharts – mehr Informationen in einer alten Darstellung

Wenn du mehr Informationen brauchst, dann musst du einen der fortgeschrittenen Charts verwenden. Einer davon ist der Balkenchart. Er ist nicht mehr der Stand der Dinge, doch er lässt sich mitunter noch finden. Dann musst du verstehen, was dort angezeigt wird.

Der Balkenchart unterscheidet sich von dem Linienchart dahingehend, dass er der Momentaufnahme weitere Informationen hinzufügt. In dem Linienchart siehst du, wenn du dir einen Monat anzeigen lässt, immer nur den Schlusskurs der Tage. Was aber ist mit dem Eröffnungskurs, dem Höchst- und dem Tiefststand der einzelnen Tage? Diese Informationen bekommst du nicht angezeigt. Damit übersiehst du einiges. So kannst du zum Beispiel eine Trendwende erkennen, wenn du siehst, dass eine Aktie stärker im Tagesverlauf ausschlägt.

Die Balkencharts zeigen dir das gleiche Diagramm, mit der horizontalen Zeitachse und der vertikalen Achse mit dem Wert der Aktie. Dort hast du auch die einzelnen Tage, doch werden die nicht mehr mit einem Punkt, sondern mit einem Balken und zwei kleinen Linien dargestellt.

Der Balken hat einen höchsten und einen tiefsten Punkt. Der höchste Punkt ist der Höchststand an diesem Tag. Der tiefste Punkt ist der Tiefststand an diesem Tag. Auf der linken Seite befindet sich eine kleine, waagerechte Linie. Auf der rechten Seite befindet sich eine weitere, waagerechte Linie. Die Linie links zeigt den Eröffnungs- und die Linie rechts den Schlusskurs. Ist die Aktie gestiegen, dann ist die Linie links unterhalb der Linie rechts. Ist die Aktie gefallen, dann befindet sich die Linie links unterhalb der Linie rechts.

Siehst du nun eine Trendwende kommen, dann ist der Balken außergewöhnlich lang. Das wird sich an den Folgetagen wiederholen und dann weißt du, dass eine Aktie, die bis jetzt gestiegen ist, bald abfällt oder eine Aktie, die gefallen ist, bald ansteigt.

Die Kerzencharts – die moderne Vollinformation

Der heutige Stand der Darstellung sind eindeutig die Kerzencharts. Sie zeigen dir im Prinzip die gleichen Informationen wie die Balkencharts, doch sie nutzen dazu noch verschiedene Signalfarben. Damit kannst du vor allem die Trends sehr viel leichter ablesen.

Der Balken in den Balkencharts wird in den Kerzencharts mit dem Docht der Kerze ersetzt. Die kleinen Linien links und rechts wurden erweitert und bilden nun den Körper der Aktie. Dieser ist entweder komplett grün, wenn die Aktie gestiegen ist, oder rot, wenn sie gefallen ist. Damit kannst du auf einen Blick die Entwicklung der Aktie erkennen.

Wenn wir uns wieder einen Monatschart vornehmen, haben wir darin das bekannte Diagramm. Die horizontale Achse zeigt die Zeit und die vertikale Achse den Wert des Papieres. Die Momentaufnahmen sind wieder die Tage, doch dieses Mal sind sie keine Punkte oder Balken, sondern Kerze.

Der Docht der Kerze ragt nach oben und nach unten über den Körper der Kerze hinaus. Der höchste Punkt entspricht dabei dem Höchststand der Aktie und der tiefste Punkt ihrem Tiefststand. Der Körper der Kerze erstrecht sich von deren Eröffnungs- bis zu ihrem Schlusskurs. Ist die Aktie gestiegen, dann ist die Unterkannte der Eröffnungskurs und die Oberkante der Schlusskurs. Ist sie gefallen, dann ist die Oberkannte der Eröffnungs- und die Unterkante der Schlusskurs.

Ist die Aktie gestiegen, dann ist die Kerze grün. Die Linie des Kurses erreicht sie auf der linken Seite an der Unterkante. Sie verlässt die Kerze auf der rechten Seite an der Oberkante. Ist die Aktie gefallen, dann ist die Kerze rot. Dann erreicht sie die Kurslinie oben links und verlässt sie unten rechts.

Beginnt eine Aktie nun in ihrem Trend abzuschwächen und sich zu verändern, dann hast du Kerzen mit ungewöhnlich langen Dochten. Auch kannst du sehen, dass du vorher viele grüne und nun viele rote oder vorher viele rote und nun viele grüne Kerzen hast.

Der gleitende Durchschnitt – der Trendindikator schlechthin

Die Charts zeigen dir mit ihren Linien, Punkten, Balken und Kerzen schon einiges. Das alles sind dennoch immer nur

Momentaufnahmen. Wenn eine Aktie sich ständig auf und ab bewegt, steigt sie damit insgesamt an? Fällt sie ab? Bleibt sie gleich? Das lässt sich mitunter schwer ablesen. Selbst aber dann, wenn du es ablesen kannst, fällt es schwer, zu sehen, wie stark die Anstiege sind. Hier kommt dir noch eine andere Anzeige zur Hilfe, der gleitende Durchschnitt.

Der gleitende Durchschnitt wird gebildet, indem du einen Zeitraum bildest. Sagen wir, du nimmst den MA10. MA steht für englisch Moving Average, also gleitender Durchschnitt, und die 10 für die Tage, deren Zeitraum dafür verwendet wird.

Der Durchschnitt für 10 Tage ist leicht erreicht. Das macht der Chart für dich. Dabei werden alle 10 Tage addiert und dann durch 10 geteilt. Was daraus einen gleitenden Durchschnitt macht ist, dass du nicht einfach nur diese 10 Tage nimmst. Nehmen wir einfach eine Woche als Beispiel. Am Montag ist der MA10 der letzten 10 Tage von dem Montag aus gerechnet. Am Dienstag dann von dem Dienstag aus gerechnet, am Mittwoch von dem Mittwoch aus gerechnet. Das Ergebnis ist, dass eine Kurve entsteht, auf dem der Durschnitt der letzten 10 Tage von diesem Tag aus gerechnet an diesem Tag angezeigt wird.

Nehmen wir an, eine Aktie schlägt stark aus, wobei sie aber insgesamt in ihrem Trend gleichbleibt. Dann ergeben die Durchschnitte, da sie alle Aufs und Abs beinhalten, immer den gleichen Wert. Damit ist der gleitende Durchschnitt eine horizontale Linie.

Nehmen wir an, die Aktie schlägt kräftig aus, steigt dabei aber langsam in ihrem Wert. Dann ergeben die Durchschnitte

Tag für Tag einen leicht höheren Wert für jeden einzelnen Tag verglichen mit dem Vortag. Daraus ergibt sich dann eine leicht ansteigende Linie.

Schlägt die Aktie jeden Tag stark aus, doch sie sinkt dabei insgesamt langsam ab, dann ergibt sich auch beim gleitenden Durchschnitt ein leichter Abfall, weil jeder neue Durchschnitt immer etwas niedriger als der Vorangegangene ist.

Du kannst sogar mehr als einen gleitenden Durchschnitt verwenden. So kannst du dir einen MA30 und einen MA9 anzeigen lässt. Damit siehst du neue Entwicklungen im Kontrast zum Langzeittrend. Warum ist das wichtig? Weil die Aktien in der Krise von ihrem Wert entkoppelt ausschlagen. Mit einer Trendanalyse über die Charts und die gleitenden Durchschnitte kannst du den Tag finden, an dem du wiedereinsteigen solltest.

Der Trendkanal – die Grenzen der Ausschläge

Hier hast du nun schon einige Male von stark ausschlagenden Aktien gelesen. Mit einem gleitenden Durchschnitt kannst du an den Ausschlägen vorbei die echte Tendenz einer Aktie ablesen. Manchmal willst du aber auch wissen, wann der beste Moment zum Zuschlagen an einem bestimmten Tag ist. Warum solltest du zum Beispiel in eine Aktie an ihrem Höchstpunkt des Tages einsteigen, wenn dir der Tiefpunkt noch einen kleinen Vorteil gibt. Das Gleiche gilt umgekehrt beim Aussteigen. Dann willst du die Aktie nicht an ihrem Tiefpunkt abstoßen, sondern an ihrem Hochstand.

Der Trendkanal erlaubt es dir, einen Trend in den Höchst- und Tiefständen abzulesen. Dann kannst du den Verkauf bzw. Kauf an diesen Extremen vornehmen und das Meiste für dich herausholen. Für den Trendkanal brauchst du nur zwei Linien, eine für die Tiefstände und eine für die Höchststände. Der Kanal ist dann der Raum zwischen beiden Linien.

Für die Höchststände zeichnest du in die Charts eine Linie ein, die zwei Höchststände verbinden und sich dann in die Zukunft verlängert. Das Gleiche wiederholst du mit den Tiefständen. Dann hast du einen Bereich, in welchem sich die Aktie immer auf und ab bewegt. Du kannst dann deine Kaufpreise für deinen Kaufantrag etwas über dem Tiefststand definieren und die Verkaufspreise ein wenig unter dem Höchststand. Dann hast du den maximalen Gewinn erreicht. Das heißt jetzt nicht, dass du heute kaufst und morgen verkaufst. Du willst jedoch immer zum günstigen Kurs einkaufen und zum besten Kurs verkaufen.

Die Checkliste für Aktieneinsteiger

Willst du Aktien kaufen, halten und gewinnbringend wieder verkaufen, kommt es nur auf ein paar Punkte an. Wenn du diese beachtest und ein wenig Geduld mitbringst, kannst du einen hübschen Profit machen. Diese Punkte sind:

- Verstehe die Produkte des Unternehmens
- Das Unternehmen sollte weltweit bekannt sein
- Das Unternehmen schüttet regelmäßig hohe Dividenden aus
- Das Unternehmen hat einen ausreichenden Cash Flow
- Die Aktien des Unternehmens schwanken nicht so stark
- Der Vorstand ist glaubwürdig

Verstehe die Produkte des Unternehmens

Ein Unternehmen erwirtschaftet seinen Profit mit den Produkten, die es auf den Markt bringt. Diese Produkte müssen ankommen. Eine Voraussetzung dafür ist, dass die anderen Marktteilnehmer diese Produkte kennen, verstehen und nutzen wollen. Das heißt für dich, du musst als erstes selbst das Produkt verstehen. Wenn du das kannst, dann können das auch die anderen. Darüber hinaus musst du einschätzen können, ob die anderen das Produkt kaufen wollen.

Die anderen, das können Verbraucher sein, die das Produkt für sich nutzen, oder aber andere Unternehmen, die das Produkt für ihren eigenen Betrieb verwenden. Wenn du die Wahl hast, dann sind Unternehmen besser, die Produkte an andere Unternehmen liefern. Ein Beispiel wäre ein Unternehmen, das Autositze an einen namhaften Autohersteller liefert. Hier kannst du mit großen Absatzzahlen für den Hersteller der Autositze rechnen. Diese kannst du daran ablesen, wie viele Autos der namhafte Autohersteller verkauft. Besser noch. Sollte es zu Schwierigkeiten auf dem Markt kommen, wird der Autohersteller sie zuerst erleben. Dann ist das das Signal für dich, dass das Unternehmen, dass die Sitze liefert, auch bald in Schwierigkeiten geraten wird. Das heißt, ein Zulieferunternehmen bietet dir eine steige Zuwachschance und du kannst das Hauptunternehmen als Indikator für die Entwicklung der Aktien deines Unternehmens verwenden.

Das Unternehmen sollte weltweit bekannt sein

Der Markt unterliegt Schwankungen. Wenn ein Unternehmen in mehreren Ländern unterwegs ist, kann es die Schwierigkeiten in einem Land durch bessere Zeiten in einem anderen Land ausgleichen. Du hast hier also ein kleineres Risiko. Darüber hinaus ist ein bekanntes Unternehmen eher in der Lage, seine Produkte abzusetzen. Auch können bekanntere Unternehmen die Preise diktieren. Das heißt, die Marktposition eines bekannten Unternehmens ist stärker und wenn es sich über mehrere Länder erstreckt, ist es gegen Krisen besser gewappnet. Das steigert deine Chancen auf einen Gewinn.

Das Unternehmen schüttet regelmäßig hohe Dividenden aus

Dividenden sind der Anteil an dem Profit des Unternehmens, der an die Aktionäre weitergereicht wird. Diese werden gewöhnlich einmal pro Jahr oder einmal pro Quartal gezahlt. Es kann jedoch sein, dass die Zahlungen ausbleiben. Das ist immer dann der Fall, wenn das Unternehmen in finanziellen Schwierigkeiten steckt oder aber den Gewinn reinvestiert.

Die Dividenden sind ein Indikator für die Gesundheit des Unternehmens. Ist es richtig stark, kann es die Profitanteile auszahlen und hast noch immer genug, um zu investieren. Wenn es jedoch in Schwierigkeiten ist, sinken die Ausschüttungen oder bleiben ganz aus. Das drückt nicht direkt auf den Kurs, das lässt auch das Vertrauen in höheren Kursen in der Zukunft verschwinden.

Das Unternehmen hat einen ausreichenden Cash Flow

Ein Unternehmen braucht Geld, um zu arbeiten. Das Geld kommt als Cash Flow in das Unternehmen. Ein starker Cash Flow heißt, dass es dem Unternehmen gutgeht und dass es finanzkräftig ist. Die Aktionäre werden diese Aktie bevorzugt kaufen und halten. Dementsprechend haben sie einen hohen Preis und ein geringes Risiko. Steigst du hier ein, kannst du über die Zeit hinweg eine gute Steigerung erwarten. Den Cas Flow findest du im Abschlussbericht des Unternehmens.

Die Aktien des Unternehmens schwanken nicht so stark

Hier musst du nun einen Blick in die Charts werfen. Vergleiche dein Unternehmen mit den Kursen anderer

Unternehmen in der gleichen Branche. Schau dir an, wie weit die Aktien auf und ab schwanken. Du kannst dafür einen Trendkanal nutzen. Zeichne ihn für deine Aktie in die Charts und vergleiche dessen Weite. Dann wiederholst du das für die anderen Unternehmen. Wenn die Schwankungsbreite für dein Unternehmen nicht über dem der Konkurrenten liegt, dann bist du mit dieser Aktie gut bedient.

Der Vorstand ist glaubwürdig

Der Vorstand eines Unternehmens steuert es durch die täglichen Geschäfte. Wenn der Vorstand sein Handwerk versteht, dann übersteht das Unternehmen auch die schlimmsten Krisen. Daher ist es wichtig, darauf zu achten, wer die Direktoren sind und wer der CEO ist. Schau dir ihren Werdegang an und achte darauf, welche Erfolge sie bereits errungen und welche Probleme sie überstanden haben.

Die Checkliste für Fonds

Willst du in Fonds einsteigen, dann gibt es auch für diesen Fall eine Checkliste. Diese hilft dir als Einsteiger, die Spreu vom Weizen zu trennen. Das ist besonders wichtig, da bei der Anzahl der Fonds auch immer einige dabei sind, die einfach nicht das halten, was sie versprechen. Du musst auf die folgenden Punkte achten:

- Geringe Kosten
- Glaub keiner Fondwerbung
- Kaufe niemals aus dem Bauch heraus
- Vermeide überteuerte Anleihenfonds

Die Kosten des Fonds

Schwarze Schafe unter den Fonds kommen häufig mit hohen Kosten. Gute Fonds dagegen verlangen nur niedrige Gebühren. Das hat zwei einfache Hintergründe. Der erste ist, dass der Fondsmanager über die Anteile selbst genug verdient. Er braucht keine hohen Gebühren, um auf seinen Gewinn zu kommen. Das gilt besonders, wenn er sein Handwerk versteht. Zweitens kostet dich jeder Cent Gebühr ein wenig von deiner Rendite. Das heißt, je höher die Kosten sind, desto niedriger fällt deine Rendite aus. Bei Fonds ist auf keinen Fall teuer gleich besser.

Die Preise herauszufinden, das beginnt mit einem genauen Studieren der Verkaufsprospekte. Diese enthalten jedoch oftmals noch einmal Kosten im Kleingedruckten, schau also da besonders hin. Darüber hinaus gibt es den Rechenschaftsbericht und unabhängige Testportale. Diese decken auch noch die verstecktesten Kosten auf. Je mehr es davon gibt, desto weniger solltest du dem Fond trauen.

Glaub keiner Fondwerbung

Nun machen die Fonds oftmals für sich Werbung. Da ist es einfach, sich nur die Prospekte anzusehen und dem Glauben zu schenken, was darinsteht. Das ist jedoch bei keinem Kauf eine gute Idee und schon gar nicht bei einer Investition größerer Summen. Daher musst du ein gesundes Misstrauen mitbringen und dich auf verschiedenen Internetseiten informieren. Insbesondere Vergleichsportale ermöglichen es dir, einzuschätzen, was dir da wirklich geboten wird.

Kaufe niemals aus dem Bauch heraus

Wenn du in einen Fonds einsteigst, dann steckt da eine Menge Geld dahinter. Das bringt nur allzu oft die Leute dazu, ihren Verstand zu vergessen und auf ihr Bauchgefühl zu hören. Tu das nicht. Triff eine bewusste Entscheidung. Wähle den Fonds aus, der dir am Meisten entspricht. Dieser Fonds streut den Aktienbesitz, du musst also nicht noch zusätzlich streuen, indem du dich an mehrere Fonds beteiligt. Vor allem aber solltest du nicht ständig impulsiv von Fond zu Fond wechseln. Das beschert dir nur ständig neue Kosten. Triff deine Wahl und bleib dabei. Dann kann sich für dich ein Profit so nach und nach entwickeln.

Für einen Fond gilt vor allem, dass erst nach Jahren siehst, wie gut er ist. Wenn du also ständig die Fonds wechselst, siehst du gar nichts davon. Kauf dich ein, lehn dich zurück und lass den Manager des Fonds seine Arbeit machen. Darum gehst du ja auch in einen Fond. Wenn es dir in den Fingern juckt und du ständig aktiv sein möchtest, dann werde ein Daytrader. Dann kannst du ständig Aktien kaufen und verkaufen. Dabei kannst du auch einen guten Profit machen, solange du nicht impulsiv vorgehst.

Vermeide überteuerte Anleihenfonds

Jedes Jahr kommen neue Fonds heraus. Einige davon, besonders Technologiefonds, schaffen es zu wahrer Berühmtheit. Sie investieren in die neuesten Errungenschaften der Technik und ziehen eine Menge Anleger an. Das Problem dabei ist jedoch, dass diese Anleger dann überteuerte Gebühren zahlen und der Fond ganz schnell wieder geschlossen wird. Sobald du einen Hype feststellst, lass die Finger davon.

Die Checkliste für ETFs

ETFs waren vor dem Coronavirus voll im Trend und werden es danach auch wieder sein. Diese Fonds sind einfach zu managen, denn sie bilden einen Index ab und sie lassen dich am generellen Erfolg des Marktes Teilhaben. Vor allem aber locken sie mit niedrigen Gebühren, doch es gibt immer wieder schwarze Schafe. Das ist auch kein Wunder, wurden doch allein 2019 120 neue ETFs eröffnet und davon 80 bald wieder geschlossen. Schau also hin, bevor du dein Geld in einen ETF steckst. Achte vor allem auf:

- Den Anteil der Top 10 Aktien
- Die Anzahl der Positionen
- Das Volumen des Fonds
- Die Kosten des Fonds
- Doppelte Aktien
- Die Herkunftsländer der Aktien

Der Anteil der Top 10 Aktien

Jeder Index enthält eine Reihe von Aktien von verschiedenen Unternehmen aus einer Branche. Durch die Zusammenfassung aller dieser Aktien lässt sich ablesen, ob es dieser Branche gutgeht. Das heißt nicht, dass bei einem Anstieg des Index alle Unternehmen in dieser Branche erfolgreich sind. Es heißt jedoch, dass die erfolgreichen Unternehmen genug ansteigen, um den Gesamtwert nach oben zu ziehen. Das ist es, was einen Trend ausmacht. Es geht nicht um die einzelnen Unternehmen, sondern die Branche.

Ein Index enthält viele Aktien der wichtigsten Unternehmen einer Branche. Der Deutsche Aktienindex DAX enthält die Aktien der 30 führenden Unternehmen der deutschen Industrie. Ein ETF bildet den Index nach. Das heißt, es enthält theoretisch die gleichen Aktien im gleichen Verhältnis, die auch im Index enthalten sind. Das ist jedoch leider manchmal nur die Theorie.

Um den Trend zu erreichen, sollten die Aktien der Unternehmen ungefähr gleichgewichtet sein. Das heißt, wenn sich 50 verschiedene Aktien in einem ETF befinden, sollte jede Position davon 2% ausmachen. Das ist jedoch oftmals nicht der Fall. Um als Fonds besser dazustehen, ist die Versuchung groß, die Aktienanteile zugunsten der Top 10 Aktien, also der erfolgreicheren Aktien, zu verschieben. Diese sollten idealerweise bei unter 30%, niemals jedoch bei mehr als 40% liegen. Wenn du also in einen ETF einsteigen willst, finde heraus, welche Aktien die Top 10 sind und überprüfe, ob sie nicht übermäßig vorhanden sind.

Jetzt fragst du dich bestimmt, wo denn das Problem mit einem solchen Ungleichgewicht ist. Das Problem liegt ganz einfach da, dass du dir die Aktien ebenso gut direkt kaufen kannst. Du musst nicht in einen ETF mit seinen Gebühren investieren, wenn die Top 10 so übermäßig vertreten sind. Spar dir die Gebühren und schaff dir die Top 10 einfach selbst an.

Die Anzahl der Positionen

Achte darauf, wie viele Positionen in einem ETF enthalten sind. Die Mindestanzahl liegt bei 50. OK, du weißt nun, dass der DAX gerademal 30 Unternehmen beinhaltet. Gut, aber wenn der Fond wieder nur so wenige Aktien beinhaltet, bist du besser damit beraten, dir die Aktien selbst zuzulegen. Es geht bei einem Fond immer auch um die Streuung. Selbst wenn damit der DAX abgebildet wird, sind 30 Positionen einfach nicht genug, um den Einstieg in einen Fond mit seinen Gebühren zu rechtfertigen.

Das Volumen des Fonds

Das Volumen des Fonds bezieht sich darauf, wie viel Geld in ihm enthalten ist. Ein Fonds macht erst Sinn, wenn er eine bestimmte Größe erreicht hat. Diese liegt bei ungefähr 100 Millionen Euro. Alles, was sich darunter befindet, macht für das Management des Fonds keinen Profit. Das heißt, ein solcher Fonds wird bald geschlossen. Da ein Fonds aber einige Zeit braucht, um einen echten Profit für dich zu erwirtschaften, ist dessen Schließung für dich mit deiner Gewinnabsicht kontraproduktiv. Um also von vornherein dieses Problem auszuschließen, sollte der Fonds das Mindestvolumen von 100 Millionen nicht unter-, besser aber überschreiten.

Die Kosten des Fonds

Jeder Fonds kommt mit Gebühren. Diese siehst du in den Broschüren und in den Angaben des Fonds, wenn du ihn online Aufrufst. Diese Gebühren entsprechen jedoch nicht der Realität. Sie enthalten nur bestimmte Posten, zu denen dann aber noch andere Gebühren dazukommen. Diese können mitunter doppelt so hoch sein, wie die angegebenen Gebühren. So kann ein Fonds dir Kosten von 0,55% des Profites versprechen, dann aber leicht 1,25% abkassieren.

Wenn du eine Rendite von 7% hast, dann ist dieser Unterschied von 0,7% in den Kosten gleich 10% deines Gewinnes. Hier musst du also besonders hinterher sein. Glücklicherweise gibt es besondere Portale im Internet, die die echten Kosten der Fonds vergleichen. Hier kannst du checken, ob dein Favorit hält, was er verspricht.

Doppelte Aktien

Willst du über ETFs in mehr als einen Wirtschaftsbereich einsteigen, dann kannst geht das, indem du in mehrere ETFs investierst. Hier ist jedoch auch wieder Vorsicht angesagt. Du willst nicht unbedingt in zwei Fonds investieren, die dann in mehr als der Hälfte der Aktien übereinstimmen. Du musst hier also unbedingt vergleichen und darauf achten, dass du tatsächlich in verschiedenen Branchen unterwegs bist.

Die Herkunftsländer der Aktien

Über ETFs kannst du nicht nur in mehrere Branchen, sondern auch in verschiedene Länder investieren. Wenn es dir gerade hier darum geht, deine Aktien international zu streuen, ist erneut ein waches Auge gefragt.

Theoretisch investieren Fonds in viele Länder, wenn sie von jedem davon wenigstens eine Aktie halten. Das heißt, sie die Aktien eines einzigen Unternehmens aus zum Beispiel Schwellenländern und konzentrieren den Rest, was dann leicht mehr als 50% darstellt, auf ein einziges Land. Dann sind wir wieder dabei, dass das leichter geht. Dann kannst du nämlich einfach in einen ETF des Landes, dessen Anteil so übermäßig hoch ist, investieren. Wenn dabei die Anzahl der Positionen noch insgesamt niedrig sind, brauchst du gar keinen ETF. Kauf einfach die Aktien direkt und erspare die die Gebühren

Teil 2 – Der Immobilienmarkt

Immobilien sind noch immer der Traum der meisten Deutschen. Das beginnt mit dem Eigenheim, geht weiter mit dem Kauf und Verkauf und endet bei Immobilienfonds, -anleihen und -aktien. Wie auch du von Immobilien profitieren kannst, das erfährst du auf den nächsten Seiten. Danach kümmern wir uns im dritten Teil, wie das Ganze mit Corona aussieht. Vorher und nachher brauchst du die Grundlagen. Du brauchst sie vorher, damit du verstehst, was bei Corona vor sich geht und nachher, damit du nach Coronascare einfach weitermachen kannst.

So kannst du dein Geld in Immobilien anlegen

Immobilien sind eine sehr beliebte Alternative zum Aktienmarkt. Ironischerweise geht das soweit, dass es inzwischen sogar Immobilienaktien gibt. Dabei wird von den Immobilien auch gern als Betongold gesprochen. Das suggeriert Wert und Sicherheit. Wichtiger noch, es zeigt das Vertrauen der Investoren in diese Art der Anlage. Wenn du von diesem Vertrauen angezogen wirst, dann hast du diese Möglichkeiten, auf diesem Markt zu investieren:

- Immobilienkauf
- Immobilienaktien
- Immobilienfonds
- Immobilienanleihen
- Immobilien Crowdinvesting

Vor dem Einstieg in den Markt

Grundsätzlich ist der Immobilienmarkt einer der sichersten Wege, Geld zu machen. Er ist krisensicher, kennt nur den Weg nach oben und du hast echte Werte zum Erwerb. Dennoch solltest du nicht sofort in eine Anlageart springen, ohne vorher verglichen zu haben. Das gilt auch in Zeiten von Corona. Mach dich also mit den Alternativen vertraut, bevor du dich hier engagierst. Immobilien sind nicht für jeden die perfekte Anlage.

Achte bei deiner Investition darauf, wie das Risiko aussieht. Wie viel musst du dabei investieren, wie lange ist dein Geld gebunden und welche Kosten hast du am Anfang und danach für den Erhalt der Investition? Welchen Aufwand musst du betreiben? Wie hoch ist deine Selbstbestimmung? Nehmen wir ein Beispiel. Ein Haus ist ein Risiko in dem Sinne, dass du die falsche Lage erwischen kannst. Was heute eine gute Lage ist, kann sich über die nächsten Jahre verändern. Dann kommt der Preis für den Kauf, die Maklergebühr, die Steuern, der Unterhalt, Rücklagen und Reparaturen usw. Du musst vielleicht selbst das Haus auf deinen Namen im Grundbuch eintragen, Vorkaufsrechte beachten, kannst die Mieter nicht einfach rausschmeißen, doch du kontrollierst das Objekt allein. Wenn du dagegen nur eine Eigentumswohnung kaufst, kontrollieren alle Eigentümer zusammen das Haus.

Die Niedrigzinsen wirken sich gut auf einen Kauf aus. Wenn du diesen über einen Kredit vornimmst, überholen die Wertsteigerungen bald die Zinsen. Dabei musst du aber die Zinsbindungen beachten, die zeitlich begrenzt sind und du musst das Risiko in Betracht ziehen, dass die Wertsteigerung nicht eintrifft.

Immobilienaktien wiederum unterliegen wie alle anderen Aktien auch starken Kursschwankungen. Immobilienanleihen wiederum funktionieren mit komplizierten Verträgen, die sich nur schwer durchschauen lassen. Immobilienfonds sind eine Alternative, die die Kosten und das Risiko verringern und das Immobilien Crowdfunding gibt auch kleinen Anlegern eine Chance, einzusteigen.

Behalte diese Punkte im Hinterkopf, wenn du weiterliest. Es kommt für dich darauf an, herauszufinden, ob du überhaupt dem Immobilienmarkt etwas abgewinnen kannst. Wenn die Antwort darauf ein klares „Ja“ ist, dann kommt es darauf an, die richtige Anlageform zu finden.

Der Kauf einer Immobilie

Der gängigste Weg, in den Immobilienmarkt einzusteigen, ist es, selbst ein Haus oder eine Wohnung zu kaufen. Dabei wird grundsätzlich eine von drei Strategien angewandt. Die erste ist es, das Objekt zu kaufen und zu halten. Die zweite ist es, ein heruntergekommenes Objekt zu kaufen, es zu sanieren und es dann mit einem Profit zu verkaufen. Die dritte Strategie ist eine Mischung aus beidem.

Kaufen und Halten

Das Kaufen und Halten kann sich wiederum auf zwei Arten abspielen. Du kaufst eine Immobilie und du bewohnst sie. Dabei hältst du sie in Stand und später, wenn sie ordentlich im Wert gestiegen ist, verkaufst du sie wieder. Die zweite Art ist, dass du das Objekt kaufst, vermietest und danach, nach einer ordentlichen Wertsteigerung, wieder verkaufst.

Bei beiden Arten machst du doppelt Geld, aber du hast auch Kosten. Daraus ergibt sich ein Risiko. Wenn du die Immobilie selbst bewohnst, ist dein Risiko kleiner. Du sparst dir Mietzahlungen und du kannst das Haus selbst instandhalten. Dann hast du nur das Risiko, dass die erhoffte Wertsteigerung nicht eintritt. Du hast jedoch auf jeden Fall den Vorteil, dir Mietzahlungen zu ersparen.

Bewohnst du die Immobilie nicht selbst, sondern willst du sie vermieten, hast du ein dreifaches Risiko. Das besteht zum einen darin, dass die erhoffte Preissteigerung ausbleibt. Zum anderen können Mietzahlungen ausfallen oder aber nicht die gewünschte Höhe erreichen. Das dritte Risiko ist, dass du nicht selbst die Immobilie ständig im Auge hast. Damit kannst du Schäden übersehen. Wenn du dagegen Schäden hast, aber nicht übersiehst, wirst du sie oftmals über eine Firma reparieren lassen müssen. Das schafft weitere Kosten.

Sanieren und Verkaufen

Beim Sanieren und Verkaufen suchst du dir ein Objekt, das stark Renovierungsbedürftig ist. Das sorgt für einen niedrigen Preis. Dann investierst du Zeit und Arbeit und sanierst das Objekt. Das hebt den Preis. Dann verkaufst du es wieder. Hierbei fallen mehr Steuern an, weil du das Objekt innerhalb von 10 Jahren nach dem Kauf wieder veräußern möchtest. Dafür kann es besser sein, eine GmbH zu gründen. In jedem Fall solltest du einen Steuerberater dazu zu Rate ziehen.

Die Mischung

Die dritte Strategie mischt die ersten und die zweite. So kaufst du ein heruntergekommenes Objekt, sanierst es und hältst es danach. Du kannst es selbst bewohnen oder vermieten. Dann hast du die Vor- und Nachteile, wie sie in der ersten Strategie besprochen wurde. Dafür hast du den zusätzlichen Vorteil, dass du das Objekt für einen sehr günstigen Preis erworben hast. Das senkt das Risiko in dem Sinne, dass du im schlimmsten Fall einen kleinen Verlust machst und es erhöht den Profit, wenn du mit deiner Investition erfolgreich bist.

Immobilienaktien

Immobilienaktien sind einfach Aktien von Unternehmen, die ihrerseits auf dem Immobilienmarkt aktiv sind. Das sind dann Bauingenieurfirmen, Immobilienmakler, Wohnungsbaugesellschaften und professionelle Hausverwaltungen. Sie entwickeln Objekte, bauen neue Häuser, bewirtschaften diese und vermarkten sie. Wenn sie einen Erfolg haben, verdienst du über die Aktien mit.

Immobilienfonds

Immobilienfonds arbeiten ähnlich den Aktienfonds. Dabei geben Investoren ihr Geld an den Fonds und dessen Manager investiert es dann. Er hat dafür das nötige Wissen und die entsprechende Erfahrung. Du bekommst einen Anteil an dem Profit entsprechend dem Geld, das du eingezahlt hast. Dabei wird aber immer noch eine Gebühr für den Fondsmanager verlangt.

Bei den Immobilienfonds wird ebenfalls zwischen den offenen und den geschlossenen Fonds unterschieden. Die offenen Fonds haben ein unbeschränktes Volumen. Sie können beliebig viele Investoren aufnehmen und in beliebig viele Objekte investieren. Du kannst deine Anteile an dem Fonds jederzeit weiterverkaufen.

Geschlossene Fonds dagegen haben ein beschränktes Volumen. Sobald alle Anteile an dem Fonds verkauft sind, werden sie geschlossen. Dann musst du diese Anteile so lange behalten, wie sie weiterlaufen. Dabei wird dann nur in ein oder zwei Objekte investiert.

Immobilienanleihen

Immobilien- oder auch Hypothekenanleihen sind fest verzinsliche Wertpapiere. Sie sind durch ein Grundpfand gesichert. Am Markt verhalten sie sich wie normaler Schuldverschreibungen. Auf ein Immobilienunternehmen bezogen, sind Aktien das Eigenkapital und Anleihen Fremdkapital. Das heißt, du kaufst eine Aktie des Unternehmens. Das Geld, das es dafür unterhält, wird dessen eigenes Kapital. Du kaufst eine Anleihe, dann ist das Geld zwar auch beim Unternehmen, doch es ist nicht dessen Kapital. Es ist Fremdkapital, dass nach einer bestimmten Zeit zurückgezahlt werden muss, wobei bis zu diesem Zeitpunkt Zinszahlungen geleistet werden müssen.

Immobilienanleihen lassen sich leicht mit Pfandbriefen verwechseln, doch hier solltest du sehr vorsichtig sein. Sie sind nämlich keine Pfandbriefe und das hat erhebliche rechtliche Auswirkungen. Pfandrechte an einer Immobilie gehen den Immobilienanleihen vor. Das heißt, sollte das Unternehmen insolvent sein, werden alle anderen Gläubiger zuerst bedient. Mit einer Immobilienanleihe bekommst du nur das, was danach noch übrigbleibt.

Immobilien Crowdinvesting

Das Immobilien Crowdinvesting funktioniert über das Internet. Dort wird über bestimmten Plattformen das Geld für den Bau oder Kauf einer Immobilie aufgebracht. Das beginnt damit, dass jemand ein Objekt kaufen oder bauen möchte. Er stellt sein Projekt auf einer solchen Plattform vor. Viele kleine Privatinvestoren können ihm dann über diese Plattform jeder einen kleinen Betrag zur Verfügung stellen. Dann wird der

Plan entsprechend ausgeführt und das Geld mit Zinsen über die gleichen Plattformen zurückbezahlt.

Der Vorteil ist, dass hier viele Leute mit relativ kleinen Summen einsteigen können. Dabei sind Renditen von bis zu 7,5% möglich. Der Nachteil ist, dass sich nicht unbedingt leicht vorhersehen lässt, welches Projekt ein Erfolg wird und welches nicht.

Worauf es beim Investieren ankommt

Es gibt eine Reihe von Wegen, auf denen du in Immobilien investieren kannst. Dabei gibt es immer die gleichen 5 Faktoren, auf die du achten musst, um für dich die richtige Wahl zu treffen. Diese Faktoren sind:

- Verteile dein Risiko
- Achte auf Mindestanlagen
- Kapitalbindung macht unflexibel
- Halte die Kosten und den Aufwand niedrig
- Behalte immer die Zügel in der Hand

Die Risikoverteilung

Setze niemals alles auf eine Karte. Das ist eine Strategie für Verzweifelte, die keine andere Chance mehr haben, aber keine Strategie für Investoren. Das Risiko, dein Geld zu verlieren, besteht immer. Wenn du dann alles in eine einzige Anlage steckst, hast du alles verloren, wenn etwas schiefgeht. Wenn du dagegen deine Investition fleißig streust, machst du immer einen Profit, auch wenn mal eine Anlage sich nicht auszahlt.

Die Mindestanlage

Die Wahl der richtigen Anlage entscheidet sich nicht zuletzt danach, wie viel Geld du hast. Dabei kannst du schon mit 50 € oder weniger dabei sein. Diese Chance hast du beim Crowdinvesting. Für geschlossene Fonds dagegen werden schnell mal mindestens 5.000 € fällig. Für ein eigenes Haus kann das Ganze dann schnell die 500.000 € erreichen.

Du hast nur eine begrenzte Menge Geld zur Verfügung. Dabei solltest du so vorgehen, dass du das Meiste für dich dabei herausholst. So ist es nicht immer nötig, einen Kredit aufzunehmen. Wenn du dagegen ein Haus kaufen willst, wirst du schnell all dein Erspartes und darüber noch ein Darlehen benötigen.

Die Kapitalbindung

Ein wesentlicher Faktor des Investierens in Immobilien wird gern übersehen: Die Kapitalbindung. Wenn dein Geld in eine Sache gebunden ist, hast du es nicht für etwas anderes zur Verfügung. Hast du all dein Geld in einen Hauskauf gesteckt und darüber hinaus noch eine Menge Schulden gemacht, dann wirst du ein Problem bekommen, wenn dein Auto den Geist aufgibst. Dann hast du kein Geld mehr für den Kauf und die Banken werden sehr, sehr vorsichtig, wenn du schon eine Menge Schulden hast.

Nicht nur hast du das Geld nicht für dein Leben zur Verfügung, du kannst damit auch nicht anderweitig investieren. Wenn du zum Beispiel siehst, dass sich die Lage deines Objektes nicht wie gewünscht entwickelt, kannst du nicht einfach dein Geld abziehen und in ein neues Objekt investieren. Du musst zuerst einen Käufer finden, dabei vielleicht noch einen Verlust hinnehmen, Steuern zahlen und erst danach kannst du es erneut versuchen. Das ist riskant, denn du kannst einfach nicht mehr flexibel. Du kannst nicht auf Veränderungen reagieren. Entweder zahlt sich dein Plan aus, oder du machst Verluste.

Halte die Kosten und den Aufwand niedrig

Kosten schlagen sich auf deine Rendite nieder. Was auch immer du als Profit herausbekommst, muss auch für die Kosten herhalten. Diese entstehen durch die Vermittlung, die Verwaltung, die Instandhaltung und die Modernisierung. Eine Immobilie als Investment ist niemals kostenlos. Hier ist auch einer der Gründe, warum sich dieses Investment oftmals nur scheinbar lohnt. Wenn du keine guten Renditen erzielst, dann werden deine Profite von den Kosten überholt. Dann sieht deine Investition auf dem Papier zwar gut aus, doch du hast nichts davon auf deinem Bankkonto.

Behalte die Zügel in der Hand

Selbst in ein Haus zu investieren gibt dir die maximale Kontrolle. Wenn du eine Eigentumswohnung kaufst, hast du nur eine Mitbestimmung an dem, was mit dem ganzen Haus passiert. Wenn du dein Geld in einen Fonds investiert, entscheidet der Manager, was damit geschieht. Je mehr Kontrolle du selbst hast, desto mehr kannst du eingreifen und reagieren. Darum solltest du bei allen Formen des Investierens immer überlegen, wie du über welche Details bestimmen oder wenigstens mitbestimmen kannst.

Die Vor- und Nachteile der verschiedenen Investments in den Immobilienmarkt

Jede Form des Investments hat ihre eigenen Vor- und Nachteile. Diese musst du kennen, damit du die richtige Entscheidung für dich selbst fällen kannst. Darum musst du vergleichen, was dir der Kauf, die Aktie, der Fond, die Anleihe oder das Crowdinvesting bringt und bei den jeweils anderen fehlt.

Der Kauf

Der Immobilienkauf wird als eine gute Altersvorsorge angesehen. Das macht auch dahingehend Sinn, dass hier immer lange Zeiträume im Spiel sind. Noch besser ist dabei, dass die niedrigen Zinsen heutzutage den Kauf von Immobilien begünstigen. So kannst du die Zahlungen aus den Mieteinnahmen bestreiten und dann am Ende ein unbelastetes Eigenheim haben. Der Nachteil ist, dass die Mieteinnahmen sinken oder ausfallen können. Deren Höhe hängt davon ab, wie sich die Lage entwickelt und deren Zahlung davon, dass du überhaupt einen Mieter findest.

Immobilien sind, als direkte Investition, sehr kostspielig. Du musst dich um die Verwaltung, die Instandhaltung, die Steuern und andere Kosten kümmern. Noch dazu kommen bei Eigentumswohnungen Zahlungen an die Eigentümergemeinschaft, die die gemeinsamen Kosten decken und die Rücklagen bilden. Auch sind bei solchen Eigentümergemeinschaften Probleme in der Verwaltung vorprogrammiert.

Hältst du eine Immobilie länger, dann muss sie verschönert bzw. modernisiert werden. Auch das ist sehr kostenintensiv und steigern den Preis der Immobilie kaum. Sie erhält den Preis vielmehr. Das heißt, diese Maßnahmen schlagen sich negativ auf deine Rendite nieder, ohne einen positiven Effekt zu erzielen.

Steckst du all dein Geld in eine Immobilie, dann ist deine Risikoverteilung gleich Null. Du hast alle Eier in einen Korb gelegt und mit deiner Immobilie steigt und fällt dein Einkommen respektive dein Vermögen.

Die Immobilienaktien

Die steigenden Immobilienpreise sorgen auch dafür, dass die Aktienformen der damit handelnden Firmen gestiegen sind. Damit sind sie als Anlage sehr attraktiv. Das gilt vor allem auch dank der niedrigen Zinsen, die sehr gute Rahmenbedingungen für den Immobilienmarkt geschaffen haben.

Das Problem mit Immobilienaktien ist, dass sie sehr hoch bewertet sind. Die Erschütterungen von Coronascare treffen sie nur wenig. Daher sind die Schwankungen nicht unbedingt so stark wie für andere Aktien. Dennoch hast du eine Chance, hier noch einen etwas günstigeren Kurs zu erwischen.

Immobilienfonds

Immobilienfonds sind grundsätzlich für dich nicht so kostenintensiv, da mehrere Investoren ihr Geld einbringen. Sie haben ein geringeres Risiko, da Fonds ihr Geld über viele Objekte streuen. Der Nachteil ist, dass du keine Auswahl hast. Du musst alle Objekte im Fonds, so wie sie sind, akzeptieren.

Das heißt, du hast einen großen Korb mit vielen Eiern, doch einige davon sind faul. Du hast keinen Einfluss darauf, was damit geschieht.

Die Anleihen

Die Immobilienanleihen sind in dem Sinne vorteilhaft, dass deine Ansprüche auf die Rückzahlung mit einem Grundbucheintrag gesichert sind. Damit kannst du im schlimmsten Fall über die Verwertung der Immobilie dein Geld zurückholen. Leider ist das jedoch immer wieder nur eine Scheinabsicherung, da die Ansprüche anderer Gläubiger vorgehen. Das wird noch durch die sehr komplexen Verträge für die Anleihen noch verstärkt, in denen sich noch mehr negative Regelungen einbauen lassen.

Crowdinvesting

Das Crowdinvesting erlaubt es vor allem auch kleinen Anlegern, aktiv zu werden. Selbst kleine Summen lassen sich dort streuen. Dort kannst du die Projekte der Bauherren einsehen und auch sehen, ob diese schon Erfolge in der Vergangenheit hatten. Der Nachteil ist, dass es hier bei der Menge der Projekte auch einige schwarzer Schafe geben kann, das heißt, du gehst ein etwas größeres Risiko ein.

Darauf musst du bei einem Immobilienkauf achten

Eine Immobilie als Renditeobjekt klingt gut, doch wie du hier schon gelesen hast, sind damit einige Risiken behaftet. So kann sich die Lage anders entwickelt, als du es vorausgesehen hast. Dein Geld ist gebunden und dann kann es schwer sein, Mieter oder Käufer zu finden. Damit du weißt, worauf du dich einlässt, hast du hier die wichtigsten Punkte, auf die du bei einem Kauf achten musst:

- Entscheide dich bewusst für die richtige Immobilie
- Wähle die richtige Strategie für die Finanzierung
- Prüfe die Lage und den Standort
- Check die Bausubstanz
- Informiere dich über die Mieter
- Berechne die Kosten
- Schätze das Risiko richtig ein
- Denk an die Steuern

Die richtige Immobilie

Als erstes musst du abwägen, welche Art der Immobilie du für dich erwerben möchtest. Du kannst Eigentumswohnungen, Ein- oder Mehrfamilienhäuser und ganze Wohnanlagen finden. Du musst das richtige Objekt auswählen, das du dir leisten und dessen Verwaltung du überschauen kannst.

Insbesondere bei den Eigentumswohnungen ist Vorsicht geboten. Du kannst dabei leicht Probleme mit den anderen Eigentümern bekommen. Du musst weiterhin monatlich in einen Fonds einzahlen, von dem die Reparaturen und die laufenden Kosten bezahlt und Rücklagen gebildet werden. Die Aussichten auf eine Rendite über Preissteigerungen oder Mieten sind gering. Besser ist es, ein Ein- oder Mehrfamilienhaus zu kaufen. Dabei kommt es auf deine Fähigkeiten an, das Objekt zu managen. Ein Einfamilienhaus ist nur von einer Partei bezogen und du hast nur einen Problemfaktor neben dem Haus als solchem. Mehrfamilienhäuser und ganze Wohnanlagen kommen mit vielen Mietparteien und einem Sammelsurium von Problemen. Das kann einen Anfänger schnell überfordern.

Die richtige Strategie für die Finanzierung

Mit der richtigen Strategie für die Finanzierung können auch größere Objekte erworben werden, die sonst außerhalb der finanziellen Fähigkeiten stehen. So kannst du vor allem mit Darlehen vorgehen. Dabei helfen dir die niedrigen Zinsen und die Inflation. Die niedrigen Zinsen lassen die Summe des Darlehens nicht so schnell anwachsen und die Inflation zehrt deren Wert so langsam auf. Zugleich steckt das Geld in einer Immobilie, dir mit der Inflation relativ wertstabil bleibt und je nach Lage sogar ordentlich in ihrem Preis wächst.

Die Lage und der Standort

Die Lage selbst ist sehr wichtig. So sollte sich die Immobilie dort befinden, wo sie attraktiv ist. Das ist in einer Innenstadt oder in einem Vorort mit guter

Verkehrsanbindung der Fall. Auch sollte der Standort der Immobilie an diese Verkehrsanbindung angeschlossen sein. Dann wirst du leicht Mieter finden, die gern eine höhere Miete bezahlen.

Die Stadt, in der du die Immobilie erwirbst, sollte mindestens 10.000 Einwohner aufweisen. Wenn sie sich in einem Vorort befindet, sollte die Einwohnerzahl über 100.000 liegen. Dann wollen die Leute, insbesondere Familien mit Kindern, dem Großstadttrubel entkommen und an einem ruhigen Ort wohnen.

Achte darauf, wie sich die Lage wirtschaftlich und kulturell entwickelt. So gehören München, Berlin, Hamburg und das Rhein-Main-Gebiet zu den beliebtesten Regionen. Hier eine Immobilie zu erwerben ist fast schon eine Garantie für einen guten Miet- oder Verkaufspreis.

Die Bausubstanz

Du musst auf jeden Fall vor Ort gehen und dich dort von der Bausubstanz der Immobilie überzeugen. Überprüfe dabei, ob die Angaben aus der Objektbeschreibung mit der Realität übereinstimmen. Schätze bei dieser Gelegenheit auch ein, welche Instandhaltungs- bzw. Sanierungskosten auf dich zukommen. Dabei solltest du, je nach Alter des Gebäudes, auf diese Punkte achten:

Alte des Objektes	Typische Mängel
10 Jahre	• Schimmel • Abplatzender Putz • Risse im Mauerwerk • Feuchtigkeitsschäden
20 Jahre	• Außenanstriche an den Fassaden, Türen und Fenstern • Innenanstriche im Treppenhaus und den Fluren • Bodenbeläge
30 Jahre	• Sanitäre Einrichtungen • Heizungsanlagen • Balkone • Dachrinnen und Fallrohre
40 Jahre	• Fliesen • Bodenbeläge mit Platten • Heizungsrohre • Elektroinstallationen inklusive Steckdosen und Schalter • Fenster und Türen • Zustand der Zuwege und Garagen

Wenn du selbst die Immobilie besichtigst, übersiehst du leicht einige der Punkte. So kann Schimmel hinter Wandpanelen stecken oder sich woanders ausbreiten, wo du es nicht direkt einsehen kannst. Bei der Investition, die du vorhast, solltest du auf jeden Fall einen Sachverständigen hinzuziehen. Der weiß, worauf es zu achten gilt.

Die Mieter

Im deutschen Recht bricht der Kauf einer Immobilie nicht die Miete. Das heißt, wenn das Objekt bereits Mieter hat und du willst es kaufen, musst du dich unbedingt über die Mieter informieren. Dazu zählt, dass du ihr Zahlungsverhalten überprüfst und checkst, wie sie mit dem Wohnraum umgehen. Nehmen sie zum Beispiel alle nötigen Reparaturen vor oder verschieben sie die Maßnahmen immer nur auf morgen. Informiere dich auch darüber, wie hoch die Mietkaution ist und lass dir diese beim Kauf unbedingt überschreiben.

Kaufst du ein leerstehendes Objekt und möchtest du es vermieten, musst du dich ebenfalls informieren. Hier geht es am meisten darum, dass die zukünftigen Mieter auch in der Lage sind, die Mietzahlungen dauerhaft aufzubringen. Nicht jeder Bewerber ist seriös du ehrlich. Daher solltest du genau hinschauen, wenn du den Wohnraum vermieten möchtest.

Die Kosten

Die meisten schauen nur auf den angegebenen Preis. Das ist jedoch nicht genug. Du solltest zu der Summe immer noch mindestens 10% für die Kaufnebenkosten draufschlagen. Diese gehen an die Makler, das Grundbuch und die Grunderwerbssteuer. Dazu kommen, wenn du das Objekt über die Bank finanzierst, noch Zinsen und Tilgungsraten. Damit nicht genug, musst du auch noch Rücklagen für die Renovierung und für Reparaturen einrechnen.

Das alles reicht aber noch immer nicht. Du musst dir bewusst sein, dass das Geld, welches du investierst, für eine lange Zeit gebunden ist. Nehmen wir an, du kaufst ein Objekt für 240.000 €. Dann vermietest du es für 1.000 € im Monat. Das sind 12.000 € im Jahr. Damit dauert es 20 Jahre, bis du dein Geld wieder heraushast und das ist ohne die Kaufneben- und Unterhaltskosen, die noch draufgeschlagen werden müssen. In teuren Gegenden kann es sogar bis zu 30 Jahre dauern, bis sich der Kaufpreis über die Miete wieder amortisiert hat. In günstigen Regionen sind das 15 Jahre und das ist immer noch ohne die weiteren Kosten, die dich auf jeden Fall treffen werden.

Das Risiko

Ein Objekt zu kaufen und es dann zu vermieten, ist riskant. Über die Dauer, die du die Immobilie hältst, kann es zu unvorhergesehenen Kosten kommen. Dazu sind Mietausfälle möglich und die Region kann sich einfach ganz anderes entwickeln, als du es vorhergesehen hast.

Diese Risiken bestehen und du musst sie einrechnen. Das geht einmal über einen Puffer. Das heißt, du bildest Rücklagen, auf die du dann zurückgreifen kannst, wenn du mehr Kosten als erwartet hast. Diese Rücklagen sollen dich auch für die Zeiten absichern, in denen du Mietausfälle hast.

Darüber hinaus müssen die Mieteinnahmen oder die Kaufpreissteigerung hoch genug einzuschätzen sein, dass sie dich für das Risiko entschädigen. Es nutzt nichts, ein großes Risiko mit einer Immobilie einzugehen, wenn du zugleich dein Geld mit mehr Rendite in eine risikoärmere Anlage stecken kannst.

Die Steuern

Das deutsche Steuerrecht ist kompliziert und das trifft auch auf den Bereich der Immobilien zu. Es gibt einige Steuern, an die du denken musst und die sich umgehen lassen bzw. dich unterschiedlich treffen können:

Steuer	**Beschreibung**	**Auswirkung**	**Zeit**
Absetzung für Abnutzung (AfA)	Geltendmachung von Anschaffungs- bzw. Herstellungskosten	Steuerabschreibung in Höhe von 2% des Kaufpreises	Jährlich
Spekulationssteuer	Steuer für den Kauf bzw. Verkauf einer Immobilie	Steuer auf den Preis der Immobilie, doch können Maklergebühren und Renovierungskosten in den ersten drei Jahren angerechnet werden	Wenn zwischen dem Kauf und dem Verkauf einer Immobilie weniger als 10 Jahre liegen
Drei-Objekt-Grenze	Wenn mehr als zwei Immobilien gekauft werden	Besteuerung als gewerblicher Immobilienhändler	Die Käufe müssen innerhalb von 5 Jahren erfolgen, damit diese Steuerung verlangt wird

Teil 3 – Corona und die Alternativen

Das Coronavirus hat Deutschland erreicht. Es ist aber nicht nur hierzulande zu finden. Auf der ganzen Welt lässt es die Märkte einbrechen. Was heißt das nun für dich. Kannst du noch immer in Aktien und Immobilien investieren oder solltest du dich an Alternativen halten?

Einstieg in den Aktienmarkt trotz der Krise?

Es kriselt, die Leute haben Angst. Aktien werden auf den Markt geschmissen. Die Welt geht unter. Die Leute bereinigen ihre Portfolios, stoßen ihre Positionen ab und alles geht nur noch einen Weg, den Weg nach unten. So klingt das Ganze. So erscheint es auch, doch die Wahrheit sieht anders aus. Aktienlaien springen von Bord. Sie machen Riesenverluste und sie geben den Profis die Chance, wie sie es sich nie hatten erträumen können. Die Stimmung machts. Sie drückt die Kurse und das schafft historische Gelegenheiten auf günstige Einstiege, die es ohne Coronascare niemals gegeben hätte.

Die Turbulenzen

Corona kam und mit ihn die Maßnahmen der Regierung. Die Leute durften nicht mehr reisen, Schulen wurden geschlossen und die Nachfrage nach bestimmten Artikeln stieg sprunghaft an. Zugleich sollen die Leute daheimbleiben. Sie kaufen nicht mehr ein und der ausbleibende Konsum macht sich bemerkbar. Die Läden sind vereinsamt, Restaurants und Hotels machen ihre Pforten dicht und versuchen nur, Coronascare irgendwie zu überwintern.

Das Ganze konnte auf dem Aktienmarkt nicht ohne Auswirkungen bleiben. Die Indizes gaben nach. Die Aktien begannen, abzurutschen und dann rutschten sie nur noch tiefer und tiefer. Verkäufe häuften sich und die Preise fielen. Wo soll das Ganze nur aufhören? So hat sich der DAX seit seinem Höchststand am 17.02.20 entwickelt:

Datum	Höchststand	Schlusskurs
02.04.2020	9.650,27	9.570,82
30.03.2020	9.817,51	9.815,97
26.03.2020	10.001,00	10.001,00
18.03.2020	8.670,41	8.441,71
11.03.2020	10.761,40	10.438,70
06.03.2020	10.995,20	10.625,00
17.02.2020	13.795,20	13.783,90

Was lässt sich von dem DAX ablesen? Dass die Preise sich inzwischen wieder stabilisieren. Während sie noch immer stark schwanken, gibt es einen leichten Aufwärtstrend, der zwar noch unter den alten Wert, aber einiges erwarten lässt.

Woher kam der Einbruch

Die Aktien waren eindeutig eingebrochen. Das lässt sich am DAX, aber auch an anderen Werten ablesen. Wie aber kam es dazu und warum fiel der Einbruch so heftig aus? Das scheint die große Frage zu sein, doch die Antwort darauf ist relativ leicht erklärt.

Viele ETFs, das sind Fonds, die sich an den Indizes, wie der DAX einer ist, orientieren. Das heißt, sie enthalten grob gesehen die gleichen Aktien, die auch in einem Index enthalten sind. Das macht sie für Anleger interessant und zugleich macht es sie einfach zu managen. Tatsächlich sind sie so einfach zu managen, dass sie meistens von Computern kontrolliert werden.

Die Kontrolle von Fonds durch Computer mag den einen oder anderen ein wenig erschrecken, doch tatsächlich ist dies Praxis weiterverbreitet, als es sich vermuten lässt. Das liegt daran, dass verschiedene Faktoren leicht in ein Programm eingegeben werden können, die dann ganz automatisch die entsprechenden Handlungen auslöst.

Die Kontrolle durch Computer hat für die Anleger in einem ETF einige Vorteile. Zum ersten senken sie die Kosten, so dass du weniger Gebühren bezahlen musst. Das erhöht deine Rendite. Zum zweiten können Computer sehr viel schneller auf das Geschehen reagieren als Menschen. Das ist normalerweise ein Vorteil, doch dieses eine Mal hat es sich erheblich gegen die ETFs ausgewirkt.

Die Kontrolle durch Computer bedeutet, dass Reaktionen auf das Marktgeschehen im Vorhinein festgelegt werden. Da wird überlegt, wie soll der Fonds auf diese oder jene Entwicklung reagieren. Diese Überlegung wird ihm dann als Befehl einprogrammiert. Die Folge ist, dass die Computer nicht wirklich den Umständen entsprechend reagieren, sondern dementsprechend, wie diese Umstände vorhergesehen wurden. Was in 99% der Fälle absolut in Ordnung ist, kann in 1% der Fälle zu einem sehr unerwünschten Effekt führen.

In dieser Krise war es ein einziger, vorher festgelegter Schritt, der die gesamte Talfahrt ausgelöst hat. Dieser Schritt ist die sogenannte Stop Loss Orders. Diese legen fest, wann eine Aktie im Notfall verkauft wird. Notfall, das bedeutet, wenn die Aktie absinkt. Dann wird sie schnell abgestoßen, so dass der Fonds sein Geld wieder herauszieht, bevor der Wert der Aktie zu sehr absinkt.

Die ETFs taten, was sie immer tun. Sie bildeten die Indizes ab, für die sie bestimmt waren. Als dann die ersten Statements über Krisen aufkamen, als Coronascare zuschlug, haben einige Leute ihre Aktien abgestoßen. Das kann passieren. Das Problem ist, dass dies gleichzeitig geschah. Sofort sanken die Werte der betreffenden Aktien spürbar ab. Spürbar heißt aber nicht so katastrophal, wie es daraufhin geschah.

Die Katastrophe entwickelte sich, als die Grenze der ersten Stop Loss Order eines ETFs erreicht wurde. Der Computer, der diesen ETF managte, hat getan, was ihm eingegeben wurde. Er verkaufte sofort die betroffenen Positionen. Sofort erhöhte sich das Volumen der gehandelten Aktien spürbar, was den Preis drückte. Das löste die Stop Loss Orders von immer mehr ETFs aus, die dann den Markt mit Aktien überschwemmten. Das ließ die betroffenen Kurse ins scheinbar Bodenlose fallen. Das Interessante ist jedoch, dass die Aktien sich inzwischen wieder stabilisiert haben. Sie befinden sich über dem Tiefstwert, aber noch weit unter dem letzten Höchststand. Damit ist hier eine Chance für neue Einsteiger am Markt, relativ günstig an gut bewertete Aktien zu gelangen.

Halten, aussteigen oder einsteigen?

Hast du Aktien? Gut, dann steig nicht aus. Halte deine Positionen. Besser noch, wenn du über genügend Mittel verfügst, dann kaufe nach. Bist du neu auf dem Markt, nutze die Chance und steig an einem Tiefpunkt ein, den es nur für eine kurze Zeit gibt.

Die Frage nach dem Halten, Aussteigen oder Einsteigen in den Markt ergibt sich natürlich bei den Anlegern. Bei der Beantwortung kommt es vor allem darauf an, ob der Abfall der Kurse substantiell gerechtfertigt ist oder nur aufgrund einer Stimmung, aufgrund der Angst vor Corona, vorkam.

Für die meisten Aktien gilt, dass sie im Moment eindeutig zu niedrig bewertet sind. Die Qualitätskriterien werden bei ihnen voll erfüllt. Der Abfall der Kurse ist nur mit Angst und der Spirale, die durch computergemanagte Fonds ausgelöst wurde, zu erklären. Das heißt für die Aktien, dass sie bald wieder die Werte erreichen werden, die sie tatsächlich verkörpern.

Die Ausnahmen

Wie heißt es doch so schön: „Es gibt keine Regel ohne Ausnahmen!" Das ist am Aktienmarkt natürlich auch der Fall. Hier gibt es zu viele Faktoren, zu viele Variablen, um mit generellen Regeln allein alles richtig zu machen.

Generell lässt sich sagen, dass die Kursverluste mehr stimmungsbedingt als substantiell waren. Es lässt sich feststellen, dass viele Fondsmanager überrascht wurden. Ihre Computer haben Verkäufe vorgenommen und damit die Marktpreise erheblich gedrückt. Das kann passieren, doch das hat in den Depots dieser Fonds zu Verlusten geführt. Auch haben private Anleger, die sich von Coronascare haben mitreißen lassen, ihren Anteil an den Verlusten erlebt. Während das für die Betroffenen nicht gerade angenehm ist, ist es doch insgesamt eine gute Gelegenheit.

Die Ausnahmen hier sind jedoch die Bereiche, indem die Einbrüche tatsächlich substantiell zu begründen sind. Davon gibt es mindestens zwei. Das ist einmal alles, was sich um Öl dreht und zum anderen alles, was mit Flugverkehr und Reisen zu tun hat.

Die Ölbranche

Die Ölbranche ist gleich zweifach betroffen. Einmal trifft auch sie Coronascare. Die Leute reisen einfach sehr viel weniger. Das heißt, es wird weniger Benzin an den Tankstellen, weniger Kerosin in Flugzeugen und weniger Treibstoff für Kreuzfahrtschiffe gebraucht. Das ist an sich nicht unbedingt substantiell, doch es kann substantielle Auswirkungen haben.

Dank Coronascare ist die Nachfrage an Öl dramatisch abgesunken. Das macht den Unternehmen tatsächlich so sehr zu schaffen. Hier kann es, wenn die Angst und die Bewegungseinschränkungen zu lange anhalten, doch zu echten Auswirkungen kommen. Die Kosten bleiben den Unternehmen nämlich überwiegend erhalten. Gerade in Öl ist es nicht billig, die Produktion aufrechtzuerhalten. Selbst dann, wenn sie gedrosselt wird, werden doch ständig teure Maschinen und teures Fachpersonal benötigt. Dessen Verlust kann sich das Unternehmen nicht leisten. Daher werden die Maschinen weiter gewartet und das Personal weiterbezahlt. Das Resultat ist, dass die Unternehmen Verluste machen. Das kann den einen oder anderen aus dem Markt drängen.

Als ob Coronascare nicht genug ist, versucht Saudi-Arabien gerade jetzt, sich des Konkurrenten Russlands zu entledigen. Normalerweise sprechen sich die ölproduzierenden Länder jedes Jahr ab. Sie bestimmen, wie viel Öl zu welchem Preis auf den Markt gebracht wird. Dieses Jahr jedoch konnten sich Saudi-Arabien und Russland nicht einigen. Daraufhin hat Saudi-Arabien seine Produktion, trotz der ohnehin nachlassenden Nachfrage, tüchtig in die Höhe gefahren. Das schadet der Ölindustrie Russlands erheblich.

Die Reiseindustrie

Die Reiseindustrie ist natürlich ebenfalls erheblich von der Panik um Corona und den Maßnahmen der verschiedenen Regierungen betroffen. Vor allem trifft es die Luftfahrtgesellschaften. Hier haben große Unternehmen ihr Netz aus Fluglinien erheblich zusammengestrichen. Kleinere Unternehmen haben den Betrieb ganz eingestellt.

Auch bei den Luftfahrgesellschaften hören die Kosten nicht auf, nur weil die Maschinen nicht fliegen. Diese brauchen einen Platz zum Parken. Das kostet. Wartungsintervalle laufen auf, auch wenn die Flugzeuge nicht fliegen. Die Wartungsarbeiten wurden bestellt. Werden sie dann nicht genutzt, werden Stornogebühren fällig. Schlüsselpersonal muss weiterhin bezahlt werden, damit es nicht in andere Unternehmen oder sogar ganz andere Berufe wechselt. All das zehrt an den Unternehmen, während zugleich die Einnahmen einbrechen oder sogar ganz wegfallen.

Hier ist es fraglich, welche der Unternehmen es durch die Krisen schaffen. Natürlich könnte man jetzt annehmen, dass die Regierungen die großen Unternehmen retten werden, doch das ist nicht sicher. Die Panik kann hier also schnell substantielle Auswirkungen entwickeln.

Das Ende der Panik

Die zweite Hälfte des März haben eine deutliche Panikstimmung gezeigt. Das ist jedoch für die Profis eher ein Signal, zu kaufen. Dieses Signal wurde tatsächlich befolgt. Das erklärt auch den langsamen Anstieg der Aktien nach dem ersten Abfall.

Was noch wichtiger ist, das sind die Rettungsmaßnahmen, die von verschiedenen Regierungen und Zentralbanken angekündigt und langsam in Bewegung gesetzt werden. Diese Maßnahmen sind ein wichtiges Moment, das wieder Vertrauen bei den Anlegern schafft. Die Panik hört auf und die Märkte stabilisieren sich auf leicht höheren Werten.

Auch für Neueinsteiger ist der Moment gekommen, jetzt in den Aktienmarkt einzusteigen. Die Indikatoren waren ziemlich deutlich. Sie haben gezeigt, dass der Markt überverkauft war. Damit können sich die Kurse auch in Zukunft langsam weitererholen. Das heißt, die Panik verschwindet.

Für diejenigen, die schon am Markt sind, ist jetzt der Moment des Haltens und Nachkaufens. Letzteres gilt besonders, wenn der Markt noch einmal nachgibt. Der DAX kann durchaus noch einmal die 9.000 Punkteschwelle unterschreiten oder sogar auf 8.200 Punkte abfallen. Das ist dann die zweite Chance, das historische Tief mitzunehmen.

Zu dem zweiten Einbruch kann es kommen, wenn sich die Nachrichten häufen, dass Unternehmen nicht mehr durchhalten können. Sie geraten in finanzielle Schwierigkeiten, können die Kosten nicht mehr tragen und verabschieden sich vom Markt. Diese Nachrichten sollten eigentlich keine Panik auslösen, denn die Regierungen haben finanzielle Hilfen versprochen. Solche Nachrichten könnten dann von den Unternehmen bewusst lanciert werden, um damit mehr Hilfe von der Regierung zu erhalten. Wenn die Anleger das jedoch missverstehen, kann es erneut zu Panikverkäufen kommen. Dann ist die zweite Chance, von dieser Krise zu profitieren, da.

Wenn solche Meldungen jedoch auf taube Ohren fallen oder das Vertrauen in die Rettungsmaßnahmen ausreichend groß ist, dann bleibt die zweite Panik aus. Dann werden sich die Kurse wieder erholen. Einige davon, besonders die der Reiseunternehmen, werden nur langsam wieder ansteigen. Die meisten anderen Aktien werden sich jedoch recht schnell wieder erholen.

Indizien für eine Erholung des Marktes

Wenn wir uns den März und den Anfang April 2020 einmal ansehen, dann wird relativ schnell klar, dass die Verkäufe einer Panikstimmung zu verdanken waren. Wenn wir nun einmal die Panikmache ignorieren und uns tatsächlich die Situation weltweit ansehen, dann werden wir erkennen, dass es eindeutige Anzeichen für eine Erholung des Marktes gibt.

Als erstes lässt sich sagen, dass eine Pandemie nur ein vorübergehendes Ereignis ist. Sie kommt und sie geht. Sie mag eine Weile bleiben, doch sie verschwindet auch wieder. Dazu kommt, dass in China, wo das Virus das erste Mal auftrat, die Zahl der Neuinfektionen absinkt. Dort beginnt die Produktion wieder im normalen Maße. Die Notfallkrankenhäuser werden geschlossen und die Lieferketten der Industrie starten wieder. Der LKW-Transport hat inzwischen mehr als 70% des Volumens, den er vor dem Virus hatte, erreicht. Das ist die Situation in dem Land, das am meisten unter dem Virus gelitten hat.

Wichtig ist, dass alle Anleger verstehen, dass wir es hier nicht mit einer echten Krise zu tun haben. Die Industrien haben vor dem Coronascare super funktioniert. Die Produktionsstätten sind noch immer vorhanden. Die Infrastruktur ist unangetastet. Es gibt keine weitgehend zerstörten Verkehrsnetze, wie nach einem Tsunami oder nach einem Erdbeben. Die Geschäfte existieren ebenfalls. Alles was wir brauchen, ist, dass die Leute wie vorher einkaufen gehen, zur Arbeit gehen und die Waren wie immer produziert und transportiert werden. Wir haben es hier also nicht mit einer echten Finanzkrise zu tun, sondern einer kurzen Vertrauenskrise. Sobald das Vertrauen wiederhergestellt ist, ist der Markt wieder dort, wo er seinen Einbruch gestartet hat.

Wirtschaftsexperten beschreiben die Situation als eine temporäre Pause der Produktion. Es dauert nur zwischen 4 bis 8 Wochen, bis alles nach den Stilllegungen wieder weitestgehend funktioniert. Innerhalb von 3 Monaten nach dem Ende des Coronaproblems werden alle Produktions- und Transportprozesse wieder genauso verlaufen, wie vor der Panik.

Neben dem Wiederaufleben der Produktion wird es auch Nachholeffekte geben. Beschaffungen wurden verschoben, Geld wurde unfreiwillig angespart, all das wird zu heftigen Schwankungen führen. Daraus ergeben sich für kurzfristige Investitionen einige Chancen.

Abwarten und nichts tun

Sehr oft wird heutzutage dazu geraten, länger abzuwarten, bis die Panik um das Coronavirus komplett abgeflaut ist. Das heißt, solange es noch Länder gibt, in denen die Regierungen strenge Maßnahmen gegen das Virus beschließen, sollen wir nicht am Aktienmarkt investieren. Diese Ratschläge sind vielleicht wohlgemeint, doch sie sind grundfalsch. Jetzt abzuwarten, heißt, einige wichtige Grundsätze für den Erfolg außer Acht zu lassen. Diese sind:

- Entscheidungen vor Abwarten
- Den Markt kennen
- Wichtige Gelegenheiten erkennen
- Die richtigen Gelegenheiten ergreifen

Entscheidungen sind immer besser als Abwarten

Niemand, der nur abwartet, wird erfolgreich. Die meisten Menschen verwechseln das Abwarten mit einer bewussten Entscheidung. Eine Entscheidung bringt Handlung. Handlung bringt Konsequenzen. Eine Konsequenz ist es, das zu erreichen, was du willst. Das wird auch Erfolg genannt.

Wir aber sind oft paralysiert, wenn wir vor schwierigen Situationen stehen. Dann aber lehnen wir uns oft zurück. Wir begründen das sogar mit irgendwelchen Argumenten und behaupten, dass wir eine bewusste Entscheidung getroffen haben. Die Wahrheit ist jedoch, dass wir uns ängstlich zurückgelehnt und gehofft haben, dass alles irgendwie besser wird.

Das Zurücklehnen bringt dir nichts. Es macht dich nicht zum Meister deines Schicksals. Es lässt dich nicht deinen Weg gehen. Es macht dich zum Spielball der Ereignisse. Es macht dich hilflos. Du kannst damit keinen Erfolg erringen.

In jeder Situation gibt es etwas, das du machen kannst. Gerade am Aktienmarkt ist dein Kapital ein wichtiges Mittel. Setze es richtig ein, damit du erfolgreich sein kannst. Dafür aber musst du Entscheidungen treffen, Handlungen auslösen und dann das erreichen, was du wolltest.

Kenne den Markt

Der Markt ist mit all seinen Informationen da. Ja, du magst jetzt einsteigen. Doch der Markt ist noch immer für dich zu finden. Du hast alles, was du wissen musst, nur eine Suche im Internet von dir entfernt. Dort kannst du herausfinden, wie die Märkte waren, bevor das Coronavirus zuschlägt.

Kennst du den Markt in seiner normalen Situation, dann weißt du auch, wie er sich entwickeln wird. Da unsere Infrastruktur und Produktionsmittel von Corona nicht betroffen sind, wird der Markt zu seiner Lage vor der Panik zurückfinden. Du kennst diese Lage und kannst entsprechend reagieren.

Erkenne wichtige Gelegenheiten

Sitz nicht rum und warte ab. Erkenne die Gelegenheiten, die sich dir jetzt bieten. Die Aktienkurse waren so hoch. Sie werden auch bald wieder so hoch sein. Lehn dich also nicht zurück. Erkenne, welche einmalige Situation du hier vor dir hast. Alle wichtigen Aktien sind eingebrochen und die allermeisten werden sich davon erholen. Du kannst also

Aktien, die sonst so hoch stehen, günstig erwerben und sie dann veräußern, wenn sie ihren normalen Stand wieder erreicht haben.

Ergreife die richtige Gelegenheit

Für dich kommt es in dieser Situation nicht darauf an, abzuwarten, sondern darauf, zuzuschlagen. Du musst die richtigen Gelegenheiten für dich erkennen. Das heißt, du musst die Aktien herausfinden, die am wahrscheinlichsten wieder auf ihren alten Wert vor der Panik steigen werden. Das ist aber kein so großes Risiko, wie du jetzt denken magst, denn die allermeisten werden zu der Lage vor Corona zurückkehren.

Die richtige Gelegenheit bestimmt sich nach anderen Kriterien, als die bloße Wahrscheinlichkeit, dass die Aktie wieder ansteigt. Es geht um die richtige Branche, in der du dich auskennst oder für die du dich interessierst oder interessieren kannst. Es kommt darauf an, wie du von den Aktien profitieren willst. Willst du die kaufen und lang Zeit halten, willst du sie kaufen und bald wiederverkaufen, um von den Kursgewinnen zu profitieren, oder willst du lieber einen Fonds für die Streuung deines Portfolios? Es gibt verschiedene Wege und für jeden gibt es Kriterien, die diese oder jene Aktie für dich besser geeignet machen.

Corona – Das Virus bleibt uns erhalten

Das Coronavirus wird nicht einfach so wieder verschwinden. Es wird uns erhalten bleiben. Wir alle werden angesteckt werden und dann das entwickeln, was Virologen als Herdenimmunität beschreiben. Das heißt aber auch, dass wir uns auf etwas einstellen werden können.

Die Herdenimmunität wird nicht sofort aufgebaut. Dafür müssen sich mehr als 50% der Leute weltweit angesteckt haben. Um das zu erreichen, wird einmal der Virus rund um die Welt gehen und zweitens werden die Regierungen versuchen, die Ansteckung zu verlangsamen. Das heißt, es wird zwei bis drei Jahre dauern, bis er seinen Schrecken endgültig verloren hat. Das heißt nicht, dass wir für zwei bis drei Jahre unter Quarantäne bleiben müssen oder eine so lange Pandemie erleiden. Das heißt aber, dass es Verzerrungen an dem Markt geben wird.

Es wird für die Zeit, die wir brauchen, um die Herdenimmunität aufzubauen, einen bestimmten Bedarf an Produkten geben, die für die Bekämpfung des Virus von Bedeutung sind. Das sind vor allem Testkits, Schutzausrüstungen, Medikamente und Impfungen. Auch wenn es nicht unbedingt Medikamente gegen das Coronavirus oder einen Impfschutz dafür gibt, brauchen wir dennoch beides. Impfungen können das Auftreten anderer Erkrankungen, wie die Grippe, verhindern, so dass wir uns auf das Coronavirus konzentrieren können. Zugleich muss eine Person, die einen schweren Verlauf der Krankheit erlebt, medikamentös gegen die Symptome behandelt werden. Das heißt, es wird für die nächsten zwei bis drei Jahre eine stärkere Nachfrage in diesem Bereich geben.

Umgekehrt werden bestimmte Branchen nicht so schnell wieder ansteigen. Die Angst vor dem Virus wird noch eine Weile bleiben. Dementsprechend wird die Reiseindustrie länger brauchen, um sich aus dem Tal wieder herauszubewegen.

Andere Branchen haben im Moment einen stark erhöhten Bedarf erlebt, der ein Strohfeuer ist. So haben die Leute sich mit Konserven eingedeckt. Die Nachfrage nach solchen, sich länger haltenden Nahrungsmitteln, wird einen Einbruch erleben. Sie haben die Vorräte und brauchen dann für eine Weile nicht mehr nachzukaufen.

Anders herum haben bestimmte Branchen einen künstlichen Rückgang der Nachfrage erlebt. So wurden bestimmte Anschaffungen verschoben. Zum Beispiel kauft sich niemand während einer solchen Krise ein neues Auto. Die Leute heben das Geld auf, um damit besser für die Krise gerüstet zu sein. Zugleich gehen sie kaum Shoppen und haben auch anderweitig weniger Ausgaben. Sobald die Epidemie vorüber ist, werden all diese Dinge nachgeholt. Dann steigt die Nachfrage sprunghaft an, um sich dann wieder auf das übliche Maß einzupendeln.

Das Coronavirus ist da und seine Auswirkungen werden noch ein paar Monate bis Jahre bei uns bleiben. Das ist die Chance, davon zu profitieren. Für diejenigen, die alte Hasen am Markt sind, ist das keine Neuigkeit. Für die Neueinsteiger heißt es jedoch, jetzt zu investieren. Diese goldene Gelegenheit kommt so schnell nicht wieder.

Aktien – kurzfristig oder langfristig einsteigen

Der Einstieg in den Aktienmarkt kann jetzt erfolgen. Er sollte dabei jedoch auf eine von zwei Strategien angelegt sein. Die erste ist der Einstieg mit dem kurzfristigen Investment und das andere ist das langfristige Investment.

Die Verzerrung der Märkte und die kurzfristige Investition

Im Moment herrscht in Deutschland eine starke Verzerrung der Nachfrage. Alles, was vor dem Virus schützt oder vermeintlich davor schützt, hat Hochkonjunktur. Alles, was mehr als nur der tägliche Einkauf ist, hat dafür nur eine geringe Nachfrage. Das lässt sich ausnutzen.

Du kannst nun in die Märkte einsteigen und dich auf die Industrien stürzen, die zum Beispiel Schutzausrüstungen herstellen. Die Nachfrage daran ist so hoch, dass es inzwischen private Projekte gibt und sich Firmen, die sonst nichts damit zu tun haben, auf die Produktion dieser Produkte umstellen. Das heißt, alles was Schutzkleidung, Masken, Handschuhe und dergleichen herstellt, das sind die Unternehmen, in die du investieren musst.

Weitere Bereiche sind die der Pharmaindustrie und der Lebensmittelindustrie, die lange haltbare Nahrungsmittel herstellen. Auch bei diesen ist die Nachfrage im Moment künstlich erhöht. Du kannst dich auch hier engagieren und die Verzerrung der Märkte ausnutzen.

Es muss dir bei diesem Investment jedoch von Anfang an klar sein, dass du hier eine künstliche Verschiebung der Nachfrage ausnutzt. Das heißt, dieses Investment endet, wenn die Verzerrung aufhört und die natürliche Nachfrage wieder die Oberhand gewinnt. Hier ist es wichtig, auf Indikatoren zu achten, die ein Ende der Verzerrung andeuten.

Indikatoren kannst du einmal in der Entwicklung der Epidemie und einmal an den Kursen selbst ablesen. Die Epidemie wird in Deutschland abflauen, doch sie wird dafür in anderen Ländern stärker aufkommen. Damit kannst du einfach für eine Weile davon profitieren, doch du musst darauf achten, dass du erkennst, wenn sie sich weltweit ihrem natürlichen Ende nähert. Das ist der Fall, wenn es keine hohen Zahlen an Neuinfektionen in irgendeinem Land mehr gibt und die Zahl der Erkrankten insgesamt rückläufig ist. Dann ist bald der Moment gekommen, um aus dem verzerrten Markt auszusteigen und wieder auf eine normale Marktentwicklung zu setzen.

Andere Indikatoren sind die Änderungen der Kurse. Du kannst das vor allem daran ablesen, wenn du dir die gleitenden Durchschnitte anzeigen lässt. Du kannst dann sehen, wie der MA30 sich sacht von langsam steigend zu langsam sinkend umschwingt. Zugleich kannst du dir den MA9 anzeigen lassen, der dann immer tiefer unterhalb des MA30 liegt. Spätestens jetzt solltest du aussteigen. Über den Trendkanal kannst du dir einen annehmbaren Verkaufswert aussuchen und damit aus den Aktien aussteigen.

Die Entzerrung der Märkte und die langfristige Investition

Die Verzerrung wird ein baldiges Ende erleben. Schon jetzt fangen einige Bereiche des Marktes an, sich zu stabilisieren. Bald werden ihnen die meisten anderen Bereiche folgen. Dann kehrt alles zu dem zurück, was wir vor der Krise hatten. Das verschafft dir einen Vorteil

Die Industrie und die Infrastruktur sind von dem Virus eigentlich nicht betroffen. Eigentlich, das heißt, dass es Effekte gibt, doch diese stehen nur indirekt mit Corona in Verbindung. Sobald das Virus seinen Schrecken verloren hat, kehrt alles recht schnell wieder zu seiner Ausgangslage zurück.

Es mag bei der Rückkehr einige Einschränkungen, vor allem im Bereich der Reisen und des Öls, geben, doch die meisten Branchen werden schlicht da weitermachen, wo sie aufgehört haben. Das große Plus für dich ist nun, dass du weißt, wie das aussieht. Du musst dich nur an den Kursen kurz vor Coronascare orientieren. Jetzt hast du die Gelegenheit, diese Kurse in einer Talfahrt zu sehen, einzusteigen, und dann den Aufschwung mitzunehmen. Das heißt, du steigst mit Vorwissen ein.

Auf den richtigen Moment kommt es an

Der richtige Moment ist wichtig. Es muss jedoch eindeutig klargestellt werden, dass es auf den richtigen, nicht den perfekten Moment ankommt. Das heißt, du musst nicht versuchen, den absolut besten Moment zu ergreifen. Was du tun musst, ist, auf die Indikatoren richtig zu reagieren.

Such dir eine Branche aus, die dir gefällt. Such dir dort Unternehmen, die dir zusagen. Vergleiche deren Vergangenheit mit der Konkurrenz. Überprüfe, ob deren Überlebenschancen gut sind. Das sind sie in den meisten Fällen, doch es mag den einen oder anderen geben, der das Coronaproblem nicht ganz so leicht schluckt. Das Risiko dafür ist jedoch klein, solange du dich aus der Reiseindustrie und dem Öl fernhältst.

Sobald du deine Branche und deine Unternehmen gefunden hast, achte auf die Indikatoren. Diese sind insgesamt ein Abflauen der Epidemie dort, wo die Unternehmen deiner Wahl agieren. Weiterhin siehst du es auf dem Aktienmarkt. Sobald die Aktien anfangen, eine Trendwende zu erleben, werden sie erheblich ausschlagen. Du wirst das erkennen, wenn du einen Monatschart benutzt. Dann werden, wenn die Trendwende sich abzeichnet, die Dochte in den Kerzencharts an mehreren Tagen ungewöhnlich lang. Auch wird der MA30 und MA9 sich langsam abflachen.

Die Trendwende wird dann damit beginnen, dass der MA9 langsam ansteigt. Danach geht auch der MA30 so langsam wieder nach oben. Jetzt kannst du wieder einsteigen. Versuche, so schnell wie möglich, einen Trendkanal in die Charts einzuzeichnen. Kaufe die Aktien deiner Unternehmen, wenn sie sich unterhalb des MA9, aber oberhalb der unteren Grenze des Trendkanals befinden. Höre mit dem Kauf auf, wenn sie den MA9 erreichen. Das kannst du an mehreren Tagen wiederholen. Kaufe sie, wenn sie an dem Tag niedrig sind, bis du das Volumen erreicht hast, dass du möchtest.

Halte die Aktien nun, bis die Entzerrung der Märkte ihr Ende gefunden hat und die Preise auf dem letzten Hoch sind.

Umgedreht, wenn du auf die Verzerrung gesetzt hast, dann wartest du auch auf die Trendwende. Sobald die Aktie mit den Dochten in dem Kerzenchart über mehrere Tage hintereinander erheblich ausschlägt, wird es Zeit, an den Verkauf zu denken. Den gibst du dann ein, wenn der Ma9 abfällt, wird es Zeit, den Verkauf auszuführen. Nutze dafür den Trendkanal und verkaufe zu Tagespreisen, die über den MA9 und unterhalb der Obergrenze des Trendkanals liegen.

Immobilien und Corona

Das Coronavirus hält den Aktienmarkt im Griff. Wie aber sieht es auf dem Immobilienmarkt aus? Ist dieser auch so anfällig? Gibt es Panik und heftige Preisschwankungen oder ist das Betongold sicher und stabil?

Der Boom

Der Immobilienmarkt wurde nicht einfach nur so getroffen. Ihn hat es inmitten einer Boomphase erwischt. Das heißt, er hat erhebliche Reserven. Auch wenn jetzt für eine Weile die Mietpreise eingefroren werden, ändert das nichts daran, dass Corona kommt und geht, der Immobilienmarkt aber bleibt. Er bleibt mit einem soliden Polster an Umsätzen, finanziellen Reserven und einer Menge Aufträge. Hier mag es kurzfristige Verwerfungen geben, doch diese glätten sich sobald es wieder normal zugeht.

Nicht exportabhängig

Ein Großteil der deutschen Wirtschaft wird von Exporten getragen. Diese aber sind erheblich von der Coronakrise betroffen. Selbst dann, wenn es hier mit dem Virus nicht so schlimm wird, kann ein Exportpartner in Italien schwere Probleme bekommen, die sich auch hier auswirken. Für die Immobilienbranche sieht das nicht so aus. Die Industrie ist hier, sie exportiert nicht.

Nun magst du denken, dass es zu Verwerfungen über den Investitionsmarkt gibt. So werden Investoren aus anderen Ländern vielleicht vorsichtig werden. Das mag so sein, doch die viele Investitionssummen sind schon aufgebracht. Das heißt, es fällt nur ein kleiner Teil aus. Der aber fällt nur kurze Zeit aus, denn die anderen Staaten werden sich auch bald wieder von Corona erholen. Darüber hinaus ist es leicht möglich, dass der Immobilienmarkt aufgrund seiner Resilienz gegenüber dieser Krise noch mehr Investitionskapital anzieht, das von anderen Märkten herüberwandert.

Für die Zukunft geplant

Einer der wichtigsten Faktoren ist jedoch, dass die Branche auf langfristige Investitionen ausgerichtet ist. Damit sind die meisten bestehenden Projekte solide geplant und können das kurze Unwetter einfach überdauern. Neue Projekte werden dann wie geplant gestartet oder kurzfristig verschoben. Sie werden dann verstärkt direkt nach der Krise in Angriff genommen. Das heißt, es handelt sich hier nur um Verwerfungen, die die Zeit betreffen, nicht das Volumen. Wenn also die Menge der Investitionen für den Moment ein wenig stagniert, werden diese dann einfach nachgeholt.

Die langfristige Planung bringt bei Gesellschaften auch immer gewisse Vorsichtsmaßnahmen mit sich, eben weil es um große Summen geht und Unvorhergesehenes immer eintreffen kann. Die Bauindustrie ist daran gewöhnt, dass die Witterung mal nicht mitspielt und dass amtliche Verfahren alles erschweren. Sie können genau die Vorsichtsmaßnahmen, die sie gegen solche Unwägbarkeiten absichern, auch gegenüber dem Virus einsetzen. Die einfachste Absicherung ist dabei der zeitliche Puffer, der zum Standard eines jeden Bauprojektes gehört.

Die Regierung lässt uns nicht allein

Es gibt bestimmte Hilfspakete der Regierung, die Betrieben und Betroffenen hilft, über die Schwierigkeiten, die uns allen durch die Epidemie bereitet werden, zu überstehen. Auch die Immobilienbranche profitiert davon. So werden Milliardenpakete für Konjunkturhilfe geschürt, die die Zeit bis zum Ende von Coronascare überbrücken helfen.

Zinsen bleiben im Keller

Was Sparern Schwierigkeiten bereitet, ist ein Segen für die Baubranche. Die Zinsen für Kredite bleiben niedrig. Das heißt, die Investoren und private Bauherren können relativ leicht an weitere Finanzmittel kommen. Damit ist der wichtigste Treibstoff für die Immobilienbranche nach wie vor vorhanden und wird sie weiter antreiben.

Corona ändert nichts an der Wohnraumsituation

Die Mieten und die Preise der Häuser sind in vielen Gebieten hoch bis sehr hoch. Das wird sich nicht ändern, nur weil das Coronavirus kommt. Die Preise sind so hoch, weil der Wohnraum knapp ist. Das heißt, auch hier wieder ist für genügend Antrieb gesorgt, die Baubranche und damit den gesamten Immobilienbereich in Schwung zu halten.

Die Immobilienpreise 2020

Die Immobilienpreise in Deutschland sind seit Jahren nur noch auf dem Weg nach oben. Das gilt ganz besonders für die Großstädte, in denen das Eigenheim inzwischen astronomische Preise erreicht hat. Das lässt sich ausnutzen. Nun aber fragst du dich, wie das Coronavirus da mitspielt. Das ist eine gute Frage und hier kommt die Antwort in Form der Zahlen von Ende März 2020:

Ort	Medianpreise für Ein- und Zweifamilienhäusern in €/qm	Steigerung der Preise für Ein- und Zweifamilienhäuser in Prozent zum Vorjahr	Medianpreise für Eigentumswohnungen	Steigerung der Preise für Eigentumswohnungen in Prozent zum Vorjahr
Berlin	3.000	13,85	4.505	10,35
Dresden	2.433	7,55	2.672	7,27
Frankfurt	2.971	5,50	3.708	9,05
Hamburg	2.825	5,53	4.146	7,20
Hannover	2.230	8,26	2.735	9,77
München	5.583	10,60	7.406	11,13
Stuttgart	3.488	6,20	3.750	10,99

Wie du sehen kannst, bewegen sich die Immobilienpreise noch immer im grünen Bereich und erheblich oberhalb der Preise der letzten Jahre. Damit ist die Immobilienbranche klar eine Möglichkeit, außerhalb des Aktienmarktes zu investieren.

Alternative 1 – Fonds

Wenn du selbst nicht weiterweißt, kannst du auch in Fonds gehen, doch dafür gibt es wieder einiges, was du beachten solltest. Besonders groß ist dabei der Unterschied zwischen ETFs und Fonds. Am besten lohnen sich die Fonds Sparpläne.

ETFs

Die ETFs haben nicht nur einen Teil des Absturzes der Aktien mitverursacht, sie wurden davon auch zugleich am stärksten erwischt. Da sie das Marktgeschehen abbilden, haben sie dafür auch keine andere Wahl. Jede Talfahrt reißt sie mit nach unten.

Umgedreht bieten die ETFs auch die Chance, von den kommenden Kursgewinnen zu profitieren. Sobald diese eintreffen, werden die ETFs auch diese abbilden. Du hast hier also ein zweischneidiges Schwert. Doch aufgrund der fehlenden Flexibilität ist eindeutig gegen die ETFs zu raten.

Aktiv gemanagte Fonds

Aktiv gemanagte Fonds werden nicht von Computern, sondern von Leuten kontrolliert. Diese Fonds können flexibler auf das Marktgeschehen reagieren. Das gilt umso mehr, da sie den Markt nicht abbilden. Sie müssen also nicht einfach eine Talfahrt mitmachen.

Aktiv gemanagte Fonds haben noch eine weitere Geheimwaffe. Sie können im Notfall aus Position aussteigen und dabei das Barvolumen aufstocken. Anstatt also von Aktie zu Aktie zu springen, nehmen sie einfach das Geld aus dem

Markt und investieren es wieder, wenn die Kurse anziehen. Daher sind diese Fonds zu empfehlen.

Fonds Sparpläne

Was sich im Moment so richtig lohnt, sind die Fonds Sparpläne. Dabei wirst du Investor in einem Fonds und zahlt seinen festen Beitrag pro Monat ein. Dank der gesunkenen Notierungen erlebst du nun mit deinem Sparplan, wie du einen viel größeren Anteil als zuvor erhältst. Das lohnt sich besonders dann, wenn der Markt sich wieder erholt.

Alternative 2 – Andere Länder

Eine andere Alternative ist es, in andere Länder zu investieren. Dabei musst du aber verschiedene Aspekte beachten. Vor allem kommt es darauf an, ob du kurzfristig, also mit der Marktverzerrung, oder langfristig mit der Entzerrung des Marktes einsteigen möchtest.

Die kurzfristige Investition

Schau in Länder, in denen das Virus wütet. Schau dort, wie die Aktien sich entwickeln. Wer geht nach unten? Wer profitiert? Finde heraus, wie sich diese Werte über die Branchen verteilen. Dann investiere in Länder, denen das Virus noch bevorsteht. So wird es bald Winter auf der Südhalbkugel. Länder wie Brasilien werden dann erheblich durch das Virus unter Druck geraten. Hier kannst du nun rechtzeitig auf die Gewinner setzen und dann mit ihnen einen Profit erhalten.

Die langfristige Investition

Bei der langfristigen Investition schaust du auf Länder, so wie China, bei denen das Virus am Abflauen ist. Hier kannst du erkennen, wer ein Gewinner ist. Nun hast du zwei Möglichkeiten. Du kannst den Aufwärtstrend dort ausnutzen und auf den Zug aufspringen. Dann bist du aber nicht von Anfang an dabei, dennoch ist das eine gute Idee. Alternativ wartest du, bis sich ein anderes Land gerade anfängt, von dem Virus zu erholen und schlägst dort nach dem gleichen Prinzip zu, sobald der erste Indikator eines Aufwärtstrends anschlägt.

Regierungsmaßnahmen

Die Regierungen der Länder und die internationale Gemeinschaft stützt die betroffenen Wirtschaftsbereiche. Gehst du nun durch verschiedene Länder, hast du mehrmals die Chance, von diesen Rettungsmaßnahmen zu profitieren. Das lohnt sich sowohl beim kurzfristigen, als auch beim langfristigen Investieren.

Alternative 3 – Gold

Einige sehen in der Krisenwährung Gold die große Alternative. Dagegen spricht doch so einiges. Das sind vor allem die fehlende Rendite, der Goldpreis und die Gebühren. Wolltest du in Gold investieren, dann hättest du vor der Krise anfangen müssen. Dann könntest du jetzt abräumen. Ein Einstieg jetzt sorgt nur dafür, dass jemand anderes einen Profit macht.

Der Goldpreis

Der Preis des Goldes ist auf einem Allzeithoch. Das liegt aber nicht nur an dem Aktienmarkt und Coronascare. Das Gold hatte schon seit Dezember einen sehr hohen Stand. Es ist sehr unwahrscheinlich, dass es noch viel weiter ansteigen wird. Wahrscheinlicher ist, dass die Verkäufe nach dem Virus die Preise fallen lassen. Dann aber hast du mit deinem Gold nichts erreicht.

Die Gebühren

Die Gebühren für den Kauf von Gold sind tüchtig gestiegen. Das gilt vor allem für kleinere Mengen. Der Anstieg der Gebühren bei dem Kauf von einem 1 Kilo Barren liegt bei nur 1%. Für einen Barren von 1 Gramm sind es dagegen mehr als 20%. Das liegt vor allem daran, dass viele Kleinanleger die Flucht in das Gold angetreten haben. Damit nicht genug. Bewahrst du dein Gold in der Bank auf, kommen noch weitere Gebühren auf dich zu.

Die Rendite

Gold liefert dir keine Rendite. Du kannst damit nur dann einen Profit machen, wenn du eine Preissteigerung mitmachst. Solange das nicht geschieht, bringt dir der Besitz von Gold keinerlei Vorteile. Genau da steckt das Problem. Die Preise sind im Moment zu hoch. Die Gebühren sind noch höher. Damit hast du nichts im Gold verloren. Vor allem aber wird es lange dauern, bis das Gold das derzeitige Hoch wiedererreicht oder erneut überschritten hat. Es ist also absolut nicht zu empfehlen.

Schlusswort

Investment 2020, das erscheint auf den ersten Blick als ein schwieriges Feld. Vor allem Corona scheint es dabei den Märkten und den Investoren schwerzumachen. Wenn wir jedoch genauer hinsehen, entdecken wir schnell, dass eigentlich gar kein so großes Problem besteht.

Willst du in Aktien investieren, dann geht das darüber, dass du sie für dich direkt kaufst. Du kannst dich aber auch in einen Fond einkaufen oder in einen ETF investieren. Das erste erlaubt dir, ohne große Gebühren genau die Aktien auszuwählen, die du willst. Die anderen Beiden erlauben es dir, dein Geld breit zu streuen. Das hält das Risiko klein.

Du kannst auch in Immobilien investieren. Das geht darüber, dass du dir eine solche direkt zulegst, dass du Immobilienaktien erwirbst, in einen Immobilienfonds einsteigst, Immobilienanleihen kaufst oder aber dich dem Crowdfunding anschließt. Hier kommt es vor allem auf deine Finanzkraft an, wenn du dich entscheiden willst, welcher Weg der richtige für dich ist.

Nun ist das Coronavirus da. Erste, gute Nachricht ist, dass der Immobilienmarkt davon kaum betroffen ist und die wenigen Effekte, die es geben mag, bald wieder aufhören. Das heißt, wenn du dich mit Aktien nicht wohlfühlst, dann sind Immobilien eine gute Idee.

Andere Ideen drehen sich um Gold. Davon ist jedoch in jedem Fall abzuraten. Die Preise sind hoch, die Gebühren ebenso und du kannst einfach nicht mehr davon profitieren. Halte dich davon also fern.

Bleiben nur wieder die Aktien selbst. Hier aber stehen dir eine Menge Wege offen. Halte ein Auge auf die Epidemie, schau zugleich auf die Märkte und wirf dann noch einen Blick auf die Charts deiner Favoriten. Damit kannst du die Trends erkennen und vor allem sehen, wann sie sich ändern.

Du kannst nun mit der Marktverzerrung investieren und dich an die Unternehmen halten, die von Coronascare profitieren. Steig ein, halte sie, solange die Panik anhält, und stoße sie ab, bevor sie abrutschen. Dann hast du einen guten Profit in einer kurzen Zeit erhalten.

Du kannst entgegen der Marktverzerrung, also mit der Entzerrung, investieren. Such dir die Unternehmen, die am meisten verloren haben und am wahrscheinlichsten bald wieder auf ihrem alten Wert stehen werden. Kaufe ihre Aktien und warte ab, wie der Markt sich wieder beruhigt und auf den alten Werten einpendelt. Dann kannst du sie gewinnbringend verkaufen oder aber noch länger halten. So oder so, du bekommst eine Chance genau hier und jetzt, in den Markt zu einem Super-Discount einzusteigen. Lass dir diese Chance nicht entgehen.

Impressum

Rocka Maldini
120, Old Railway Track
SVR 9017,
Santa Venera
Malta

malta.publishing@gmail.com

Cover foto: bookzv //www.shutterstock.com
Cover design: Alexey Designs

Risiko-Hinweis und Haftung

Empfehlungen, Charts und Tabellen für verlässlich, jedoch können wir keine Garantie für Richtigkeit und Aktualität übernehmen. Die Inhalte in diesem Werk sind nach bestem Gewissen verfasst, wir halten unsere Quellen für verlässlich, aber auch hier können wir keine Garantie auf Richtigkeit und Aktualität geben. Die Informationen geben lediglich einen Einblick in die Meinung der Verfasser.

Haftungsausschluss

Die Inhalte wurden mit größtmöglicher Sorgfalt erstellt. Der Autor übernimmt jedoch keine Gewähr für die Richtigkeit und Vollständigkeit der hier befindlichen Informationen sowie bereitgestellten Inhalte.

Urheber- und Kennzeichenrecht

Bei den Inhalten die erstellt wurden, werden die Urheberrechte Dritter beachtet. Insbesondere werden Inhalte und Rechte Dritter als solche gekennzeichnet. Sollte der Nutzer trotzdem auf eine Urheberrechtsverletzung aufmerksam werden, bitten wir um einen entsprechenden Hinweis. Bei

Bekanntwerden von Rechtsverletzungen werden wir derartige Inhalte umgehend entfernen.

Printed in Poland
by Amazon Fulfillment
Poland Sp. z o.o., Wrocław

58605442R00063